O socialismo na França e no Brasil
durante a II Internacional Socialista
(1889-1918)

Mariana Joffily

O socialismo na França e no Brasil
durante a II Internacional Socialista
(1889-1918)

Copyright © 2012 Mariana Joffily

Grafia atualizada segundo o Acordo Ortográfico da Língua Portuguesa de 1990, que entrou em vigor no Brasil em 2009.

Publishers: Joana Monteleone/ Haroldo Ceravolo Sereza/ Roberto Cosso
Edição: Joana Monteleone
Editor assistente: Vitor Rodrigo Donofrio Arruda
Assistente editorial: Patrícia Jatobá U. de Oliveira
Projeto gráfico, capa e diagramação: Patrícia Jatobá U. de Oliveira
Revisão: Ana Paula Marchi Martini
Assistente de produção: João Paulo Putini

Imagens de Capa/contracapa
1) Representação de conflitos por melhores condições de trabalho ocorridos em Chicago em maio de 1886. Em memória dos trabalhadores mortos nesta ocasião, durante a II Internacional, em 1889, que o primeiro de maio foi escolhido como o Dia dos Trabalhadores.

2) *The true answer to Jigoism – International Socialist and Trade Union Congress, 1886*, de Walter Crane, 1886.

CIP-BRASIL. CATALOGAÇÃO-NA-FONTE
SINDICATO NACIONAL DOS EDITORES DE LIVROS, RJ

J62s

Joffily, Mariana
O SOCIALISMO NA FRANÇA E NO BRASIL
DURANTE A II INTERNACIONAL SOCIALISTA (1889-1918)
Mariana Joffily.
São Paulo: Alameda, 2012.
212p.

Inclui bibliografia
ISBN 978-85-7939-120-0

1. Internacional Socialista. 2. Socialismo - França.
3. Socialismo - Brasil. I. Título.

11-8335   CDD: 320.531
                CDU: 321.74

                          032101

ALAMEDA CASA EDITORIAL
Rua Conselheiro Ramalho, 694 – Bela Vista
CEP 01325-000 – São Paulo – SP
Tel. (11) 3012-2400
www.alamedaeditorial.com.br

Ces hommes, qui se groupaient sous des appellations différentes, mais qu'on peut désigner tous par le titre générique de socialistes, tâchaient de percer cette roche et d'en faire jaillir les eaux vives de la félicité humaine.

Victor Hugo, *Les Misérables*

Siglas

AIT: *Association Internationale des Travailleurs* (Associação Internacional dos Trabalhadores)

BSI: *Bureau Socialiste International* (Birô Socialista Internacional)

CGT: *Confédération Générale du Travail* (Confederação Geral do Trabalho)

COB: Confederação Operária Brasileira

CRC: *Comité Révolutionnaire Central* (Comitê Revolucionário Central)

CSI: *Commission Socialiste Internationale* (Comissão Socialista Internacional)

FORJ: Federação Operária do Rio de Janeiro.

FOSP: Federação Operária de São Paulo.

FTSF: *Fédération des Travailleurs Socialistes Français* (Federação dos Trabalhadores Socialistas Franceses)

IOS: Internacional Operária Socialista

POF: *Parti Ouvrier Français* (Partido Operário Francês)

POSR: *Parti Ouvrier Socialiste Révolutionnaire* (Partido Operário Socialista Revolucionário)

PSDF: *Parti Socialiste de France* (Partido Socialista da França)

PSF: *Parti Socialiste Français* (Partido Socialista Francês)

PSR: *Parti Socialiste Révolutionnaire* (Partido Socialista Revolucionário)

SFIO: *Section Française de l'Internationale Ouvrière* (Seção Francesa da Internacional Operária)

Sumário

Introdução 9

I. O socialismo na França 17

1. Os socialistas 19
A. Uma nova fase do movimento operário e do movimento socialista 19
B. A formação da SFIO 29
C. Os socialistas e a Primeira Guerra Mundial 33

2. A Segunda Internacional Socialista 37
A. A constituição 39
B. Os congressos, os debates, as divisões 42
C. A Primeira Guerra Mundial: internacionalismo X nacionalismo 47

3. No seio da Segunda Internacional Socialista: emigração e imigração em debate 53
A. O Congresso de Amsterdã: primeiro relatório 54
B. O Congresso de Stuttgart: relatórios e debates 60
C. O Congresso de Stuttgart: resolução final 65

II. O socialismo no Brasil 69

4. Os imigrantes e as "novas ideias" 72
A. O governo de São Paulo e a imigração 72
B. Os imigrantes nas cidades: oferta de mão de obra e conflitos étnicos 76
C. Os imigrantes e o movimento operário 81

5. O início do movimento operário 86
A. O movimento operário organiza-se: primeiras associações, primeiras greves 87

B. O ápice e a decadência 97
C. As causas do declínio 103

6. Os socialistas 109

A. Os anarquistas 110
B. Os reformistas 114
C. Os socialistas 119

III. O Socialismo na França e no Brasil: contatos 129

7. O Brasil, a Segunda Internacional e a *Encyclopédie Socialiste* 132

A. O relatório do Partido Operário do Brasil no Congresso de Zurique (1893) 133
B. O relatório da Associação Geral dos Operários de São Paulo no Congresso de Londres (1896) 135
C. O Brasil na *Encyclopédie Socialiste* 138

8. O Brasil visto pela imprensa socialista francesa 142

A. *Le Socialiste* 144
B. *La Revue Socialiste* 151
C. *Le Mouvement Socialiste* 166

9. Jean Jaurès no Brasil 177

A. Jean Jaurès 179
B. O líder socialista no Novo Mundo: observar, seduzir, compartilhar 183
C. O público das conferências e os socialistas brasileiros 187

Conclusão 193

Fontes 199

Bibliografia 207

Introdução

O período tratado nesse livro[1] é repleto de eventos – tanto na França, quanto no Brasil – que marcaram a história desses dois países. Nesses vinte e nove anos, a França, recentemente saída da experiência fracassada e bastante reprimida da Comuna de Paris (1871), dividiu-se em dois durante o caso Dreyfus (1894-1899), viu a união do movimento sindicalista (1902) – Confederação Geral dos Trabalhadores e Federação das Associações de Trabalho – por um lado e dos socialistas na Seção Francesa da Internacional Operária (SFIO) (1905) de outro, completou a separação entre a Igreja e o Estado (1905) e viveu a Primeira Guerra Mundial (1914-1918). O Brasil viu-se enfim livre do vergonhoso peso da escravidão (1888), conquistou uma política realmente independente de Portugal com a proclamação da República (1889), realizou a separação entre a Igreja e o Estado (1890), recebeu o tão esperado sangue branco dos imigrantes europeus e iniciou sua industrialização (a partir de 1880). A história do socialismo também passou por momentos agitados:

---

[1] Este trabalho é o resultado de uma pesquisa realizada na França em 1999, sob a orientação dos professores Kátia de Queirós Mattoso e Dennis Rolland, na Universidade Paris IV – Sorbonne.

constituição da II Internacional Socialista (1889) com seus congressos e disputas internas, Revolução Russa (1917) e Primeira Guerra Mundial (1914-1918) – que dividiu em dois campos inimigos uma parte importante dos socialistas franceses e alemães.

Os marcos cronológicos adotados justificam-se tanto dentro do contexto da história do Brasil, como no da França e no do socialismo em geral. 1889 foi o ano da proclamação da República no Brasil e dos primeiros congressos da Segunda Internacional em Paris – após o qual o movimento socialista conheceria, na França, um desenvolvimento considerável. 1918 foi o ano que marcou o fim da Primeira Guerra Mundial, durante a qual eclodiu a Revolução Russa, virando uma importante página da história do socialismo. Embora a Segunda Internacional tenha sido praticamente inoperante durante a guerra, organizou assembleias durante esse período e a esperança de reconstruí-la, tal como havia sido antes do conflito, permaneceu acesa até a fundação da Terceira Internacional, em março de 1919. Foi então recriada sob um novo paradigma, imposto pela experiência soviética, que dividiria os socialistas em dois campos: aqueles que se haviam mantido fiéis às concepções da Segunda Internacional e aqueles que haviam adotado o comunismo. Mas essa já é uma outra história...

Por que estudar o socialismo na França e no Brasil nesse período? Se considerarmos o fato de que os italianos, os espanhóis, os portugueses e os alemães constituíram a maior parte do fluxo migratório para o Brasil nas últimas décadas do século XIX e que o governo francês proibiu várias vezes a imigração para o Brasil, a questão se impõe. A problemática aqui desenvolvida é justamente essa: os socialistas franceses e brasileiros estabeleceram contatos no momento do nascimento do movimento operário no Brasil e da internacionalização do movimento socialista? Pois se a influência cultural francesa no Brasil na virada do século é um fato bem estabelecido, não é garantido que os socialistas brasileiros, que se consideravam também herdeiros da Revolução Francesa, tenham conseguido manter contato com seus companheiros franceses. E os socialistas franceses, interessavam-se pelo que se passava do outro lado do Atlântico?

Estudar as relações entre os socialistas franceses e os socialistas brasileiros na época da Segunda Internacional socialista significa procurar a pista de uma ligação frágil, quase inexistente entre os militantes desses dois países. Isso foi se revelando conforme eu pesquisava, nas revistas socialistas francesas, artigos que dissessem respeito ao Brasil. Diante da raridade desse tipo de material, eu devia escolher entre dois caminhos: consultar o conjunto da imprensa socialista francesa do período ou diversificar o campo da pesquisa. A primeira opção pareceu-me demasiado complexa devido à abundância de publicações socialistas francesas, com tiragens mais ou menos duráveis, na passagem do século. A segunda possibilidade permitia, além disso, observar se e como se travavam os contatos entre socialistas franceses e brasileiros em variados domínios.

Uma vez decidido o caminho, era preciso ver quais eram as possibilidades de contato. Ora, a vedete do internacionalismo socialista era a Segunda Internacional, lugar de encontro dos militantes dos quatro cantos do mundo. Foi pelo intermédio da Internacional que os socialistas argentinos e franceses entraram em contato mais de uma vez. O Brasil fazia-se representar ou enviava informes aos congressos internacionais? E a Internacional, ocupava-se das questões às quais o Brasil via-se confrontado, ou limitava-se a discutir os problemas do velho continente? Foi a partir dos informes da Internacional que o socialista francês, Jean Longuet elaborou, na *Enciclopédia socialista*, em

1913, uma síntese do movimento socialista em escala mundial. Qual a importância concedida ao Brasil nessa obra?

As publicações socialistas ofereciam igualmente um campo de investigação interessante. A estratégia adotada foi a de pesquisar três periódicos: o jornal *O Socialista*, as revistas *La Revue Socialiste* e *Le Mouvement Socialiste*. Estas publicações têm em comum a presença do adjetivo "socialista" em seus títulos e uma duração de vários anos, mas seguiam correntes divergentes dentro do movimento socialista, o que poderia constituir uma amostragem de três visões distintas do Brasil – uma marxista, uma reformista, uma sindicalista – e um indicador de diferentes níveis de contato com os socialistas brasileiros. Essas revistas falavam do Brasil? Com que periodicidade? A partir de que fontes? Qual era seu nível de interesse nesse país?

Por fim, havia a viagem do grande parlamentar francês Jean Jaurès à América do Sul em 1911. Viajava ele para fazer propaganda socialista em terras sul-americanas? Em que patamar encontrou o movimento socialista brasileiro? Quais os contatos travados com os socialistas brasileiros?

Para procurar responder a essas questões, consultei os relatórios da Internacional no que dizia respeito às discussões e resoluções sobre a emigração e a imigração. Analisei os informes enviados pelos socialistas brasileiros a essa entidade, bem como a parte consagrada ao Brasil no volume *O movimento socialista internacional*, da *Enciclopédia Socialista*. No tocante às publicações estudadas, consultei todos os números do *Le Socialiste*, de agosto de 1885 a julho de 1913, da *La Revue Socialiste*, de janeiro de 1885 a junho de 1914, e do *Le Mouvement Socialiste*, de janeiro de 1899 a maio de 1914, procurando artigos sobre o Brasil – mas também sobre a Argentina, para ter uma ideia da quantidade de artigos dedicados a esse país. Sobre a viagem de Jean Jaurès no Brasil, os únicos documentos para consulta são as cartas que escreveu à sua esposa e a seu filho, além dos artigos publicados no jornal *L'Humanité*. Embora tenha programado escrever um livro sobre o tema, Jean Jaurès não deixou outro testemunho sobre sua experiência sul-americana.

Discutir o socialismo na França e no Brasil não é tarefa simples, pois significa levar em conta duas realidades completamente distintas. A França havia feito uma revolução – ainda que burguesa –, atingido um nível de industrialização bastante desenvolvido e constituía, de certo modo, o berço do socialismo utópico. O Brasil tinha acabado de pôr termo à escravidão, era um país essencialmente agrícola e sua tradição política caracterizava-se preferencialmente pelas continuidades do que pelas rupturas. Ademais, o ideal teria sido dispor de fontes dos dois países, para seguir mais livremente, por exemplo, as tentativas brasileiras em direção aos socialistas franceses que se perderam no meio do caminho. Outro elemento soma-se à dificuldade de estudar esse tema: o movimento socialista brasileiro na virada do século XIX para o XX ainda é pouco conhecido. Por isso, no que diz respeito ao socialismo no Brasil, esse trabalho concentra-se nos estados de São Paulo e do Rio de Janeiro, onde o surgimento da indústria favoreceu a constituição do movimento operário. Para ter uma ideia mais precisa do lugar que o socialismo francês ocupava, entre outras influências – mais precisamente a italiana e a alemã – no movimento socialista brasileiro e da maneira como os brasileiros se apropriaram das ideias francesas, seria preciso analisar atentamente a imprensa socialista brasileira. A despeito dessas dificuldades, procurei traçar uma ponte entre os dois movimentos, analisando os informes brasileiros enviados à Internacional e as cartas brasileiras – bastante raras – publicadas na amostragem selecionada das publicações francesas.

Cabe ainda definir como o conceito de socialismo – e seus derivados – é aqui empregado. Recobrindo concepções bastante distintas: "O termo 'socialista' está presente em numerosas polêmicas desde a década de 1850: ele é, portanto, imediatamente sujeito a todas as definições, em sua utilização interna ou externa. A confusão é, assim, a mais extrema, desde o nascimento da palavra."[2] Desse modo, nesse trabalho o conteúdo recoberto pelo termo socialista é amplo, mas se centra sobretudo no movimento que se auto-nomeia como tal e que defende a abolição da propriedade privada dos meios de produção, ainda que na prática esse objetivo seja muitas vezes posto de lado.

Esse livro é dividido em três partes. A primeira propõe um panorama do socialismo na França, na passagem para o século XX: as diversas fases, os debates, as crises, a criação da SFIO, a guerra; um histórico da Segunda Internacional socialista: sua criação, os congressos, os debates, as divergências; e uma apresentação das discussões no seio da Segunda Internacional sobre a emigração e a imigração – questão que tocava diretamente o Brasil, cuja classe operária era constituída em grande parte de imigrantes. A segunda parte é dedicada ao Brasil. Trata da imigração europeia: o estímulo à imigração pelo governo do país, os conflitos étnicos dentro do movimento operário, a participação dos imigrantes nesse movimento; da formação do movimento operário: sua organização, suas reivindicações e lutas, seu declínio; e das correntes do movimento socialista: a anarquista, a reformista, a socialista. A terceira parte é dedicada aos contatos entre

---

2 PROCHASSON, Christophe. *Les intellectuels et le socialisme*. Paris: Plon, 1997, p. 30.

os socialistas dos dois países analisados, a partir dos relatórios da Segunda Internacional e da parte dedicada ao Brasil no volume *O movimento socialista internacional* da *Enciclopédia socialista*; aos artigos voltados ao Brasil nas publicações socialistas francesas: *Le Socialiste*, *La Revue Socialiste* e *Le Mouvement Socialiste*; e à viagem realizada por Jean Jaurès ao Brasil em sua turnê na América do Sul, em 1911.

Por fim, há que se acrescentar um esclarecimento. Escrito em 1999 em francês, no marco de uma pesquisa acadêmica, esse texto foi traduzido para o português sem uma atualização bibliográfica. Apesar dos anos que separam sua redação de sua publicação, acredito que esse texto possa trazer uma contribuição modesta ao estudo do tema do socialismo na virada do século, por lidar em parte com uma bibliografia que não foi traduzida para o português e com documentos ainda desconhecidos do nosso público.

I. O socialismo na França

1. Os socialistas

O termo socialismo surgiu na França na primeira metade do século XIX, no momento em que alguns autores começavam a estabelecer as premissas teóricas de uma sociedade justa e igualitária. Mas o movimento socialista constituir-se-ia como tal apenas cinquenta ou sessenta anos mais tarde.[1]

A. Uma nova fase do movimento operário e do movimento socialista

O progresso do socialismo na virada do século XX, na França e fora dela, esteve intimamente ligado ao desenvolvimento da indústria e a suas consequências: um número crescente de operários

---

[1] "Embora os termos socialista e socialismo tenham aparecido na Inglaterra em 1822, sob a pluma dos homens próximos a Robert Owen, ex-industrial, pretenso inventor da doutrina, não são observados na França antes de 1831. Em 12 de abril de 1833, na *Réforme Industrielle*, jornal de Charles Fourier, lê-se um anúncio de uma reunião na qual 'os socialistas e os industrialistas' comparecerão em grande número. Forjado na Grã-Bretanha, no início da década de 1820, o termo torna-se realmente usual dos dois lados do *Pas de Calais* apenas uma década mais tarde." Winock, Michel. *Le socialisme en France et en Europe (XIXe-XXe siècles)*. Paris: Seuil, 1992, p. 10. (Todos os textos citados foram traduzidos do francês pela autora.)

permeáveis às novas teorias, concentrados em seus locais de trabalho, desenvolviam sua consciência de classe. A estabilização da República francesa foi igualmente um fator importante do crescimento do socialismo, pois a República fora de perigo, os operários e os revolucionários estavam livres para combater em prol da revolução social.[2]

O marxismo possui um papel destacado na história do socialismo: "Nenhuma teoria política conheceu uma adesão tão massiva e militante, comparável apenas às grandes religiões, nem influenciou tão amplamente os movimentos sociais da época moderna."[3] Sua importância deve-se à preocupação em elaborar uma explicação científica da desigualdade e da exploração na sociedade, a seu caráter universal e a sua proposta de derrubar o sistema capitalista, a partir das formas de luta operária já existentes, visando à emancipação da humanidade.[4] Na década de 1880, o marxismo não era visto com bons olhos pelos socialistas franceses, que o consideravam por demais doutrinário. Todavia, penetrou progressivamente em certos meios operários e intelectuais, permitindo "ao socialismo francês preparar sua inserção no vasto movimento de cristalização das formas de organização operária que caracteriza os últimos vinte e cinco anos do século [XIX]; vai abrir novas vias; vai responder ao seu modo ao movimento próprio da classe operária."[5] O primeiro texto importante de Karl Marx traduzido para o francês foi o tomo I

---

2 REBÉRIOUX, Madeleine. Le socialisme français de 1871 à 1914. In: DROZ, Jacques (org.). *Histoire générale du socialisme*. De *1875 à 1918*, T. II, Paris: Presses Universitaires de France, 1974, p. 139.

3 LÖWY, Michaël. Marxisme de Marx, marxisme d'Engels. In: ORY, Pascal (org.). *Nouvelle histoire des idées politique*. p. 265.

4 LÖWY, Michaël. Marxisme de Marx, marxisme d'Engels, p. 265.

5 REBÉRIOUX, Madeleine. Le socialisme français de 1871 à 1914, p. 145, 146.

do *Capital* (escrito em 1867), que apareceu em fascículos a partir de 1872 e só foi publicado em um volume em 1875. Um grupo formado em torno de Jules Guesde[6] compôs o núcleo do marxismo francês, reunido no Partido Operário Francês (POF).[7] Entre 1889 e 1893, o número de filiados do POF cresceu de 2.000 a 10.000 – os operários da indústria compunham 60% desse contingente.[8] Desde 1890,

---

6   Jules Guesde (1845-1922), filho de um professor, entrou aos 19 anos na assessoria de imprensa da prefeitura de Seine. Dedicou-se ao jornalismo, no início como secretário de redação de *La Liberté*, em seguida do jornal *Les Droits de l'homme*. Afastado de Paris, não pôde participar da Comuna, mas seu elogio ao movimento custou-lhe uma pena de cinco anos de prisão em junho de 1871. Deixou então a França para refugiar-se em Genebra, depois em Roma, em abril de 1872, onde fundou uma seção da Internacional, criou a *Correspondance franco-italienne* e colaborou com diversos jornais de extrema esquerda. Até então, era anarquista. Em 1873, fixou-se em Milão. Três anos depois, beneficiando-se da prescrição de cinco anos, voltou para a França, onde lançou o *L'Égalité* e frequentou o grupo marxista. Em 1880, Guesde foi a Londres em companhia de Paul Lafargue para pedir a Marx sua aprovação para o programa do Partido Operário. Desde então, foi o grande divulgador do marxismo na França. Em 1882, fundou o POF que o apoiou em sua primeira entrada na Câmara dos deputados, em 1893. Em 1901, o PSR de Edouard Vaillant e o POF reuniram-se no PSDF. Seu segundo mandato na Câmara, em 1906, ocorreu já sob a égide da SFIO, da qual foi um dos fundadores. Foi reeleito em 1910, em 1914 e em 1919. Em agosto de 1914, quando Viviane remanejou seu governo para enfrentar a guerra, Guesde assumiu o cargo de ministro de Estado, que manteve no governo Briand em outubro de 1915 e deixou em dezembro de 1916. No momento da cisão, ficou na SFIO. Adoentado, morreu em julho de 1922. Verbete "Jules Guesde". In: MAITRON, Jean (org.). *Dictionnaire biographique du mouvement ouvrier français. 1871-1914 De la Commune à la Grande Guerre*, Paris: Les éditions ouvrières, Paris, 1973-1977, p. 347-358.

7   REBÉRIOUX, Madeleine. Le socialisme français de 1871 à 1914, p. 170.

8   BRUNET, Jean-Paul. *Histoire du socialisme en France*. Paris: Presses Universitaires de France, 1989, p. 19.

o partido reunia-se em congressos frequentes, tendo o semanário *Le Socialiste* para difundir a doutrina marxista.

A institucionalização do socialismo tinha como suporte um instrumento de luta que foi a base de todo o movimento socialista – e depois, do comunista – no século XX: o partido político autônomo. Ou seja, um partido cuja existência era ao mesmo tempo independente do Estado e das organizações operárias corporativas, como os sindicatos. O partido possibilitava aos socialistas ter uma organização estruturada e dinâmica, baseada num programa definido, capaz de traçar estratégias a cada momento e, o que é extremamente importante numa democracia representativa, inserir-se na vida política parlamentar. O Partido Social-Democrata alemão era o grande modelo, na França e no resto do mundo.[9]

Modesto até 1889, o movimento socialista desenvolveu-se consideravelmente nos anos seguintes. Tornou-se uma força política e social, numa época de crescimento importante do movimento operário e de proliferação de greves cada vez mais ofensivas, dirigidas por um movimento sindical que se organizava progressivamente. Desde então, duas visões distinguiam-se *grosso modo* no seio do movimento socialista. Uma revolucionária, cara aos anarquistas, aos *blanquistas* e aos *guedistas*,[10] que acreditavam na iminência da revo-

---

9 Kriegel, Annie. La IIe Internationale (1889-1914). In: Droz, Jacques (org.). *Histoire générale du socialisme*. De *1875 à 1918*, T. II, Paris: Presses Universitaires de France, 1974, p. 556.

10 Os *blanquistas* eram os partidários das ideias de Auguste Blanqui (1805-1881). Ele defendia a ação direta e a violência insurrecional; denunciava a oposição de classe entre o proletariado e a burguesia; defendia a tomada do aparelho de Estado pelos operários, com o fim de exercer – por certo tempo – uma ditadura revolucionária. Acreditava que a revolução apenas seria possível se houvesse um núcleo de revolucionários

lução, empregando por vezes um vocabulário com elementos de autoritarismo. A outra visão era a reformista, apoiada pelos membros da Federação de Trabalhadores Socialistas Franceses (FTSF), pelos ex-filiados da Aliança Socialista e Republicana e pelos redatores de *La Revue Socialiste*, que tendiam para o pacifismo, eram adeptos de reformas graduais, do estudo sério e concreto da realidade social e cujo vocabulário era impregnado de termos sociológicos, legislativos e administrativos.[11]

A partir de 1889, o socialismo francês passou a ter um aliado importante para ampliar suas perspectivas em escala mundial: a Internacional. Embora a teoria socialista tivesse um caráter universalista, não havia, até então, nenhum organismo de troca de informações, de estratégias ou de discussões entre os diversos países da Europa e do mundo. A Internacional veio, ainda, preencher a falta de um congresso nacional que reunisse o conjunto das organizações que compunham o movimento socialista – as agremiações já existentes, os sindicatos, os parlamentares, os delegados de cooperativas, os editores de revistas e os periódicos da área. Essa "internacionalização" atingiu também a imprensa socialista: as notícias vindas de outros países foram difundidas em forma de tradução de textos, de correspondências e de análises de revistas estrangeiras.[12]

---

organizados militarmente, que desempenharia o papel de detonador. Os *guedistas* eram aqueles que se reuniam em torno das ideias de Jules Guesde (1845-1922), considerado como o representante do marxismo na França. Bezbakh, Pierre. *Histoire et figures du socialisme français*. Paris: Bordas, 1994, p. 60.

11 Rebérioux, Madeleine. Le socialisme français de 1871 à 1914, p. 155-160.

12 Rebérioux, Madeleine. Le socialisme français de 1871 à 1914, p. 162, 163.

No início dos anos 1890, o anarquismo, até então concorrente direto do socialismo, vivia um período turbulento. Divididos, como os socialistas, em múltiplas facções, os anarquistas distinguiam-se essencialmente entre eles pelo pacifismo de uns e a defesa da "ação direta" e da "propaganda pelo fato" dos outros. Uma série de atentados cometidos em diversos países – entre os quais os mais importantes, na França, foram a bomba lançada por Auguste Vaillant na Câmara dos Deputados, em dezembro de 1893, e o assassinato do presidente Sadi Carnot, em junho de 1894 – provocou uma intensa reação policial. Temendo o aumento da violência anarquista, os deputados franceses aprovaram vigorosas leis repressivas, que os socialistas apelidaram de "celeradas". Estas leis atingiam a imprensa revolucionária e associavam os anarquistas a malfeitores, punindo-os com trabalhos forçados.[13] Enfraquecidos pelas medidas coercitivas do governo e pela recusa de toda e qualquer organização estruturada, os anarquistas dispersaram-se no movimento sindical, no qual assumiram, em muitos casos, o comando das reivindicações operárias. No movimento sindical, compartilhavam sua influência com os militantes do sindicalismo de ação direta – qualificado *a posteriori* de sindicalismo revolucionário. Defendendo a autonomia dos operários em relação às outras classes e às agremiações políticas, essa tendência organizava-se nas associações de trabalho, que reuniam todos os sindicatos de uma mesma região e cujas principais características eram a descentralização e o não corporativismo. O sindicalismo revolucionário foi igualmente a tendência dominante da Confederação Geral do Trabalho (CGT), nascida em setembro de

---

13 AMBROSI, Christian; AMBROSI, Arlette. *La France 1870-1990*. 5ª ed., Paris: Masson, 1991, p. 30.

1895, reforçada pela aproximação das associações de trabalho e das federações sindicais.[14]

No início do século XX, abriu-se uma nova era. A crença em um declínio certo do capitalismo e o apelo a uma revolta da classe proletária – que assumia amiúde um caráter violento, não em atos, mas em palavras – deram lugar a uma batalha parlamentar. Foi o momento de colher os frutos da posição que o socialismo havia conquistado e de influenciar a vida política do país. Um grande número de militantes operários tendeu, assim, a afastar-se dos partidos socialistas, desconfiando de uma ação política voltada com mais ênfase para a conquista de um espaço institucionalizado pela sociedade burguesa, do que para a tomada revolucionária do poder. Recusando-se a entrar no jogo da integração, preferiram os sindicatos como espaço de luta.[15] A partir de 1894, o sindicalismo francês organizou-se de forma autônoma, baseado na oposição aos partidos e à participação parlamentar. Em 1896, no quarto congresso da Segunda Internacional em Londres, a delegação francesa era composta pelos sindicalistas e anarquistas, de um lado, e pelos socialistas "políticos" de outro.[16] Foi decidido que as organizações corporativas que se opunham à participação dos socialistas no parlamento deveriam ser excluídas. Esta atitude contribuiu para aumentar o abismo que já separava o sindicalismo revolucionário francês do socialismo de partido, cada vez mais eleitoral e reformista.[17]

---

14 ORY, Pascal. Anarchisme et syndicalisme révolutionnaire. In: ORY, Pascal (org.). *Nouvelle histoire des idées politiques*, p. 287.
15 REBÉRIOUX, Madeleine. *Le socialisme français de 1871 à 1914*, p. 175.
16 WINOCK, Michel. *Le socialisme en France et en Europe (XIXe-XXe siècles)*, p. 78.
17 REBÉRIOUX, Madeleine. *Le socialisme français de 1871 à 1914*, p. 176, 177.

Em 1893, os socialistas – que até então haviam tido uma porcentagem inexpressiva nas eleições – receberam uma votação considerável e viram suas bases geográficas e sociais ampliarem-se. Algo em torno de quarenta deputados socialistas, dispostos a fazer da união uma força, esforçaram-se por deliberar em comum e por se constituir enquanto conjunto coerente, a despeito de suas diferenças. A coesão não durou muito, mas representou um ensaio do que viria a ser a SFIO alguns anos mais tarde. A experiência parlamentar mostrou que a via eleitoral não assegurava um caminho para o socialismo.[18] A realidade fez naufragar o sonho reformista.

O *affaire* Dreyfus, iniciado em 1894, trouxe novos desafios aos socialistas. No início estes se mantiveram afastados: a condenação, ainda que injusta, de um oficial do Estado-maior sob acusação de espionagem não dizia respeito ao proletariado – tratava-se de uma querela entre duas facções da burguesia.[19] Engajar-se nessa causa significava "não apenas negligenciar os interesses eleitorais, mas afirmar a vocação humanista do socialismo – contra sua vocação de classe? – era escapar ao economicismo e reconhecer a importância das instâncias ideológicas e políticas da sociedade burguesa".[20] Contudo, durante o processo, o caso assumiu outras colorações. O aumento do nacionalismo xenófobo, associado cada vez mais

---

18 Rebérioux, Madeleine. Le socialisme français de 1871 à 1914, p. 178,179, 181.

19 No entanto, o caso mobilizou a intelectualidade francesa. Dividiu a França em dois e marcou profundamente "a evolução política e até cultural da França". Ory, Pascal; Sirinelli, Jean-François. *Les intellectuels en France de l'affaire Dreyfus à nos jours*. Paris: Armand Colin, 2ª ed., 1992, p. 13.

20 Rebérioux, Madeleine. Le socialisme français de 1871 à 1914, p. 182.

à direita e a aliança que parecia estabelecer-se entre o Exército e a Igreja, eram percebidos pelos socialistas como uma ameaça à República francesa. Os socialistas terminaram por tomar o partido de Dreyfus, ao lado dos intelectuais de esquerda.[21]

A entrada de Alexandre Millerand[22] no governo de Waldeck-Rousseau como ministro do Comércio e da Indústria, em junho de 1899, reacendeu a questão da participação socialista no poder.

---

21 REBÉRIOUX, Madeleine. Le socialisme français de 1871 à 1914, p. 183.

22 Alexandre Millerand (1859-1943) nasceu em uma família de pequenos comerciantes parisienses. Estudou direito e inscreveu-se, em 1882, na ordem dos advogados e assumiu a defesa de grevistas e de militantes socialistas. Em maio de 1884, foi eleito vereador em Paris em no ano seguinte, deputado da Seine. Durante sua segunda legislatura, conquistada em 1889, acentuou sua evolução em direção ao socialismo. No início de 1893, assumiu a direção de *La Petite République*, abrindo a publicação a todas as tendências do socialismo. Socialista independente, Millerand criou, nesse mesmo ano, a Federação Republicana Socialista da Seine. Em 1893 e em 1898 foi reeleito deputado. Em 1898 assumiu a direção de *La Lanterne*. No ano seguinte, assumiu o ministério do Comércio, no governo de Waldeck-Rousseau, no qual ficou até a demissão do ministério, em junho de 1902. Nesse ano foi reeleito e reintegrou o grupo parlamentar do Partido Socialista Francês, que o havia apoiado sem sua entrada para o governo. Em 1904, rompeu definitivamente com o socialismo organizado. Sua carreira política continuou: em 1906, em 1910 e em 1914, foi reeleito deputado; foi ministro de Obras Públicas no governo Briand (1909-1910), da Guerra, no governo Poincaré (1912-1913) e no governo Viviani (1914-1915); em 1919 foi nomeado alto comissário da República, na Alsácia-Lorena. Millerand substituiu Clemenceau como presidente do Conselho e ministro das Relações Exteriores de janeiro a setembro de 1920, quando foi eleito presidente da República. Renunciou em junho de 1924. Em 1925 foi ainda eleito senador pela Seine e, dois anos mais tarde, de Orne. Foi reeleito em 1935 e morreu senador, já em idade avançada. Verbete "Alexandre Millerand". In: MAITRON, Jean (org.). *Dictionnaire biographique du mouvement ouvrier français. 1871-1914 De la Commune à la Grande Guerre*, p. 98-103.

Apoiado por uns e criticado por outros, a participação no ministério atraiu desde cedo um grande descontentamento após os atos repressivos e antipopulares do novo ministro. A integração dos socialistas no sistema político seguiu, contudo, seu curso mediante a participação de deputados socialistas na Câmara. Jean Jaurès[23] foi o porta-voz do bloco de esquerda composto pelos socialistas, pelos radicais e por outros grupos.[24]

Uma significativa fração do movimento socialista recusava-se ainda a participar do governo. O grupo, que possuía como preocupação central a pedagogia e que acreditava no "socialismo de educação" como perspectiva de transformação das estruturas, tendia a distanciar-se dos partidos políticos. Os *guedistas* não podiam aceitar a participação de Alexandre Millerand num governo cujo ministro da Guerra, o general Gallifet, havia sido um dos assassinos dos protagonistas da Comuna de Paris. Os *allemanistas*,[25] engajados no sindicalismo, hos-

---

23 Jean Jaurès (1859-1914) era filho de uma modesta família burguesa. Em 1878, ingressou na *École normale supérieure* e passou, três anos depois, no concurso de ingresso no ensino superior, na área de filosofia. Iniciou sua longa carreira política em 1885, quando foi eleito deputado pelo Tarn. Em 1892, defendeu suas duas teses de doutorado na Sorbonne. Em 1890, retomou suas atividades políticas, como vereador em Toulouse. Em 1892, apoiou a greve dos mineiros de Carmaux, o que lhe propiciou seu retorno à Câmara em 1893. Colaborou com diversas publicações, como *La Dépêche de Toulouse* e *La Petite République*. Jaurès foi um dos fundadores do PSF, em 1902 e da SFIO, em 1905. Em 1904, criou o *L'Humanité*, que dirigiu até sua morte. Fez uma campanha em favor da paz e foi assassinado, em julho de 1914, por um desequilibrado mental. Rebérioux, Madeleine. *Jaurès la parole et l'acte*. Paris: Gallimard, 1994, p. 32-111.

24 Rebérioux, Madeleine. Le socialisme français de 1871 à 1914, p. 185.

25 Os *allemanistas* eram os partidários das ideias de Jean Allemane (1843-1935) que, fiel a seu ideal democrático e anarquista, recusava por um

tis ao marxismo, tomaram várias precauções a fim de proteger seus parlamentares do espírito burguês do Parlamento – não participaram, por exemplo, do grupo de socialistas constituído na Câmara em 1893. No início do século XX, foram declinando como força política.[26]

B. A formação da SFIO

A unificação tardia dos socialistas franceses foi desencadeada por um apelo da Internacional, por ocasião de seu congresso em Amsterdã, em agosto de 1904, no qual foi decidido que era preciso realizar a unidade socialista, pois "há apenas um partido socialista, como há apenas um proletariado".[27] A comissão de unificação, que reunia delegações do Partido Socialista Francês (PSF), do Partido Socialista da França (PSDF), do Partido Operário Socialista Revolucionário (POSR) e das federações autônomas, redigiu uma *Carta de unidade*, aprovada por unanimidade no dia 23 de abril de 1905, como a *Carta do partido unificado*. As delegações estrangeiras presentes e os representantes da Internacional viram, assim, nascer a Seção Francesa da Internacional Operária (SFIO).

A estrutura do novo partido era composta de diversos níveis: o grupo, a seção (uma por comuna), a federação departamental e a direção nacional.[28] Para garantir a unidade, os socialistas ali reunidos

---

    lado o dogmatismo e o centralismo guedista e, de outro lado, o parlamentarismo oportunista. Defendia um socialismo pelas bases e influenciou fortemente o sindicalismo revolucionário. BEZBAKH, Pierre. *Histoire et figures du socialisme français*, p. 136, 137.

26 REBÉRIOUX, Madeleine. Le socialisme français de 1871 à 1914, p. 187, 188.

27 Apud HAUPT, Georges. Introdução. In: *Congrès socialiste international (Amsterdam, 14-20 août 1904)*. Genebra: Minkoff Reprint, t. XIV, 1980, p. 9.

28 BRUNET, Jean-Paul. *Histoire du socialisme en France*, p. 31.

guardaram silêncio sobre as questões mais polêmicas, adotando uma atitude bastante ambígua no que dizia respeito a certos temas: "O aparelho da SFIO será dos mais leves, a disciplina do partido fraca, o controle exercido sobre a imprensa e mesmo sobre os deputados, embora detalhadamente descrito, em parte mítico."[29] A SFIO não congregou os anarquistas e os sindicalistas revolucionários, mas alcançou o objetivo de reforçar a institucionalização do socialismo na França. Os sindicalistas reagiram rapidamente. Em 1906 reuniu-se um congresso da CGT em Amiens, onde se estabeleceu uma aliança do sindicalismo revolucionário e do sindicalismo reformista.[30] Os princípios de independência do movimento sindical em relação às organizações políticas foram reafirmados na *Carta de Amiens*. Não se apoiavam na luta política parlamentar, mas na ação direta dos trabalhadores, cuja batalha cotidiana por melhores condições de vida e de trabalho preparava-os para a grande ação: a revolução.[31] Mais uma vez os caminhos dos socialistas e dos sindicalistas separavam-se, a despeito das tentativas de Jean Jaurès, que pretendia manter laços entre a SFIO e a CGT sem afetar sua autonomia.[32]

A SFIO foi criada como uma reunião de diversas forças políticas cuja existência no novo partido não havia desaparecido. Ainda que sob um nível consideravelmente menos intenso, as discordâncias entre elas continuavam, sobretudo entre as novas tendências de

---

29 REBÉRIOUX, Madeleine. Le socialisme français de 1871 à 1914, p. 195.
30 WINOCK, Michel. *Le socialisme en France et en Europe (XIXe-XXe siècles)*, p. 379.
31 REBÉRIOUX, Madeleine. Le socialisme français de 1871 à 1914, p. 195.
32 WINOCK, Michel. *Le socialisme en France et en Europe (XIXe-XXe siècles)*, p. 77, 78.

esquerda.³³ Em 1908, a cisão, embora fosse indesejada, rondava o partido. Diante da crise, Jean Jaurès e Edouard Vaillant,³⁴ representantes da SFIO no Birô Internacional Socialista (BSI) assumiram a direção da corrente unitária. Em outubro de 1908, no congresso de Toulouse, sua resolução obteve quase a unanimidade, o que afastou o perigo de cisão e reforçou a unidade. A sobrevivência das correntes demonstrava os limites do partido. "De 1908 a 1912 as tendências não desaparecem no partido e o grupo parlamentar manifesta uma ausência de homogeneidade que a criação da SFIO não conseguiu reduzir: entre 1906

---

33 Os partidários do "socialismo operário", em torno de Hubert Lagardelle; os "insurretos", junto a Gustave Hervé. REBÉRIOUX, Madeleine. Le socialisme français de 1871 à 1914, p. 203.

34 Edouard Vaillant (1840-1915), filho de um homem de negócios burguês, formou-se engenheiro de artes e manufaturas na Escola Central em 1862. Completou sua formação na Sorbonne, no Colégio de França e no Museu de História Natural. Defendeu sua tese de doutorado na Escola de Medicina e, em 1866, foi para a Alemanha, onde se dedicou ao estudo da filosofia nas universidades de Heidelberg, de Tübingen e de Viena. Filiou-se à Internacional, inscrevendo-se na seção alemã de Genebra. De volta à Paris, E. Vaillant participou da Comuna, como membro da Comissão Executiva e da Instrução Pública. Em julho de 1872 foi condenado à pena de morte. Exilou-se em Londres, onde frequentou Marx, que o fez entrar para o Conselho Geral da Internacional. A lei de anistia de julho de 1880 permitiu-lhe retornar à França, onde passou a colaborar com jornalistas *blanquistas*. E. Vaillant foi um dos fundadores do Comitê Revolucionário Central, criado em 1881 e que mais tarde, em 1898, tornar-se-ia o PSR. Em 1901, o PSR e o POF reuniram-se no Partido Socialista da França, do qual Jules Guesde e Edouard Vaillant eram os dirigentes e, em 1905, na SFIO. Foi eleito vereador em Paris, em maio de 1884 e reeleito em 1887, em 1890 e em 1893. Nesse mesmo ano foi eleito deputado, razão pela qual abandonou seu mandato municipal e ocupou uma vaga na Câmara até sua morte, em 1915. Verbete "Edouard Vaillant". In: MAITRON, Jean (org.). *Dictionnaire biographique du mouvement ouvrier français. 1871-1914 De la Commune à la Grande Guerre*, p. 266-272.

e 1914 pode-se distinguir em torno de seis facções separadas, mas a coabitações e as correntes dentro do partido são aceitas. A SFIO ainda não é a 'velha casa'. [Mas] Já é uma moradia coletiva."[35]

Entre 1906 e julho de 1914 a SFIO passou de aproximadamente 44 mil filiados a quase 90 mil.[36] O jornal *L'Humanité*, criado em 1904 por Jean Jaurès, alcançou uma audiência nacional e tornou-se, em 1907, um instrumento de difusão sob o controle do partido. Outras forças políticas compartilhavam com a SFIO a difusão do socialismo: as revistas editadas por intelectuais independentes, o sindicalismo revolucionário que mantinha sua atitude de recusar toda aliança com os partidos políticos, os anarquistas cuja influência sobre a classe operária progredia cada vez mais.[37] Ainda que a CGT exercesse igualmente uma importante influência sobre os trabalhadores, viveu um período de crise, devida a diversos fatores: refluxo das lutas operárias entre 1907 e 1910, desenvolvimento de trustes internacionais, formas recentes de divisão do trabalho, crescimento do sindicalismo nas categorias ligadas ao Estado. As greves de 1911 a 1913 culminaram em frequentes fracassos.[38]

Até 1914 duas questões fundamentais estavam postas, exigindo dos socialistas franceses um posicionamento: o colonialismo e a iminência da guerra. Embora a imprensa socialista não tratasse sistematicamente da questão colonial, ela não podia ser posta de lado. O caráter dos conflitos entre as colônias e a França forçava os socialistas a oporem-se à política colonial francesa, baseando sua crítica em três

---

35 Rebérioux, Madeleine. Le socialisme français de 1871 à 1914, p. 207.
36 Rebérioux, Madeleine. Le socialisme français de 1871 à 1914, p. 211.
37 Rebérioux, Madeleine. Le socialisme français de 1871 à 1914, p. 218.
38 Rebérioux, Madeleine. Le socialisme français de 1871 à 1914, p. 219.

pontos: a condenação humanitária do espírito de conquista e de dominação, a denúncia do lucro capitalista da colonização, o temor de uma guerra provocada por rivalidades coloniais. Esta posição, contudo, não era unânime. Vários socialistas viam na colonização uma difusão positiva dos valores civilizatórios e republicanos franceses – os excessos coloniais eram considerados como fatos "lamentáveis".[39]

A partir de 1905 a luta contra a guerra agitou os meios socialistas. A discussão sobre o perigo – algumas vezes percebido como bastante próximo – da explosão de um conflito e sobre os meios de impedi-lo eram travadas em todos os cantos: nos encontros, nas manifestações, nos congressos, na imprensa, nas intervenções parlamentares. As proposições iam da arbitragem internacional à greve geral. Nessa campanha contra a guerra, a CGT aliava-se à SFIO, mas as divergências sobre o meio de ação (mesmo dentro do partido) eram profundas. Mergulhado na política quotidiana e nas discussões práticas, o socialismo francês não foi capaz de elaborar uma análise teórica sobre o imperialismo, mantendo-se à margem do debate internacional que se desenvolvia no início do século.[40]

C. Os socialistas e a Primeira Guerra Mundial

Nas eleições e 1914, a SFIO obteve resultados importantes e recrutou novos filiados:[41] "Na véspera da guerra a SFIO não é exa-

---

39 "A Revue Socialiste apela diversas vezes à expansão ultramarinha.". REBÉRIOUX, Madeleine. Le socialisme français de 1871 à 1914, p. 222, 223.
40 REBÉRIOUX, Madeleine. Le socialisme français de 1871 à 1914, p. 225, 228.
41 Em 1914, a SFIO obteve 104 cadeiras no Congresso, mostrando assim sua força eleitoral, mas contava com menos de cem mil filiados.

tamente nem um partido de massa, nem um partido de militantes revolucionários mas tornou-se em dez anos um grande partido parlamentar."[42] O partido ganhou um peso considerável e renovou seus quadros. Suas tendências internas enfraqueceram-se e foi até possível estabelecer alianças com a CGT contra a guerra.[43] No congresso da SFIO, em julho deste mesmo ano, discutiram-se as vantagens e os limites de uma greve geral, mas ninguém se deu inteiramente conta da gravidade da situação internacional.[44]

Nos dias que se seguiram à declaração de guerra, grande parte dos socialistas franceses dirigiu-se para o "consenso nacional", a União Sagrada. Jean Jaurès, para o qual a paz era extremamente cara, foi assassinado no dia 31 de julho de 1914. No dia seguinte, a Alemanha declarou guerra à Rússia; no dia 3 de agosto, à França; no dia 4 os socialistas votaram unanimemente pela aprovação de verbas militares e pelos projetos de lei objetivando a organização da defesa nacional; no dia 26 de agosto Jules Guesde tornou-se ministro de Estado, ao lado de Alexandre Millerand.[45] A direção da CGT não agiu de outro modo. Em setembro, a SFIO e a CGT criaram uma Comissão de Ação – integrada também por alguns anarquistas – cuja meta era a defesa da nação francesa, sem deixar de levar em conta as questões operárias. Ainda que o movimento socialista fosse internacional, os socialistas franceses não podiam deixar de

---

WINOCK, Michel. *Le socialisme en France et en Europe (XIXe-XXe siècles)*, p. 80.
42 REBÉRIOUX, Madeleine. Le socialisme français de 1871 à 1914, p. 213.
43 REBÉRIOUX, Madeleine. Le socialisme français de 1871 à 1914, p. 230.
44 REBÉRIOUX, Madeleine. Le socialisme et la Première Guerre mondiale (1914-1918). In: DROZ, Jacques (org.). *Histoire générale du socialisme*. p. 588.
45 AMBROSI, Christian; AMBROSI, Arlette. *La France 1870-1990*, p. 157.

defender a "vocação universal do proletariado francês" e a "missão histórica da França republicana e socialista."[46] A luta de classes foi substituída pela defesa da nação.

Fora do quase consenso criado em torno da guerra, alguns intelectuais e sindicalistas socialistas isolados, originários de grupos políticos variados, procuraram reunir-se a fim de resistir à guerra. Os partidários da paz trabalhavam em condições difíceis; eram frequentemente obrigados a agir clandestinamente, para escapar a uma censura cerrada.[47] Romain Rolland,[48] militante pacifista,

---

46 WINOCK, Michel. *Le socialisme en France et en Europe (XIXe-XXe siècles)*, p. 373.

47 REBÉRIOUX, Madeleine. Le socialisme et la Première Guerre mondiale (1914-1918), p. 602, 614. "O controle da informação é instaurado e esta censura não atingiu apenas a imprensa, mas também os livros. A opinião pública é igualmente vigiada." ORY, Pascal; SIRINELLI, Jean-François. *Les intellectuels en France de l'affaire Dreyfus à nos jours*, p. 64.

48 Romain Rolland (1866-1944), filho de um notário, era escritor. Aluno da Escola Normal Superior desde 1886, tornou-se *agregée* de história em 1889. Em 1895, terminou seu doutorado e iniciou sua carreira de professor, de início na Escola Normal, depois na Sorbonne, até 1912. Autor de vários romances, recebeu em 1915, o Prêmio Nobel de Literatura. No início do século XX, Rolland sentia-se próximo dos socialistas, mas não se engajou nas lutas ideológicas. No momento da guerra, estava na Suíça, onde travou, a partir de 1916, um combate pela paz, publicando artigos em diversas revistas: *le Caramel*, *les Tablettes* e *Demain*, entre outras. Recusando toda e qualquer violência, aproximou-se do exemplo de Gandhi, do qual se fez um propagandista. Entretanto, seguia atentamente o que se passava na Rússia e, apesar de sua oposição à ditadura do proletariado, decidiu apoiar o novo regime socialista. Em fevereiro de 1927 assinou, juntamente com Albert Einstein e Henri Barbusse, um apelo aos "espíritos livres" contra o fascismo. Em 1931, renunciou à não-violência e engajou-se mais ativamente, ao lado dos comunistas, na defesa da então União Soviética (URSS): em março de 1932 foi nomeado membro da Academia de Ciências de Leningrado. No ano seguinte,

representou para eles um suporte intelectual – e muitas vezes afetivo – extremamente importante.

Mais longa e custosa do que previsto, a guerra seguia seu curso. A União Sagrada recuava progressivamente. Entre os socialistas avançava o desejo de obter a paz sem anexação e de retomar as relações internacionais. A Revolução Russa – de início em fevereiro, em seguida em outubro de 1917 – provocou uma série de manifestações populares na França e no exterior que mostravam "o esgarçamento da confiança cedida por longo tempo às justificações que cada campo fornecia a seus objetivos de guerra."[49] No seio do movimento socialista francês a recepção foi ambígua: se a queda da autocracia tzarista de fevereiro era admirável, a tomada do poder pelos bolcheviques em outubro, assim como a assinatura de uma paz separada entre russos e alemães deixavam a França numa situação militar delicada. Os socialistas franceses, a essa altura, eram críticos em relação à guerra, mas preocupavam-se com o destino de seu país.[50]

---

demitiu-se da Liga Internacional dos Combatentes pela Paz, da qual era presidente de honra. A partir de 1933, Rolland participou de numerosas ações anti-fascistas ao lado de outros escritores. Em 1935 visitou à URSS, a convite de Gorki. Após os processos de 1937 e 1938 na Rússia, contra velhos bolcheviques, desapontado com a violência do regime soviético, Rolland afastou-se e não mais se posicionou publicamente sobre a URSS. Em 1939, após o Pacto germano-soviético, o escritor deixou a Associação de Amigos da União Soviética. Verbete "Romain Rolland. In: Maitron, Jean (org.). *Dictionnaire biographique du mouvement ouvrier français, 1914-1939. De la Première Guerre à la Seconde Guerre mondiale*, Paris: Les éditions ouvrières, 1989-1991, p. 265-272.

49 Rebérioux, Madeleine. Le socialisme et la Première Guerre mondiale (1914-1918), p. 624, 625.
50 Brunet, Jean-Paul. *Histoire du socialisme en France*, p. 45.

Uma vez terminada a guerra, o cenário havia se modificado consideravelmente. O anarquismo e o sindicalismo revolucionário haviam perdido sua força. Os efetivos socialistas, reduzidos pelo conflito, estavam bastante divididos.[51] A Revolução Russa, que trazia novas esperanças à esquerda internacional, transformaria profundamente o movimento socialista, adicionando o adjetivo "leninista" a um marxismo já consagrado.[52]

2. A Segunda Internacional Socialista

Em setembro de 1872 reuniu-se em Haia o último congresso da Associação Internacional dos Trabalhadores (AIT), criada em 1864. Esta entidade tinha por objetivo reunir proletários de diferentes nações, no intuito de lutar pela melhora das condições de vida e de trabalho dos operários em uma escala internacional. O projeto, no início, não era socialista, mas evoluía para o socialismo e para o anarquismo, correntes políticas que se

---

51 REBÉRIOUX, Madeleine. Le socialisme et la Première Guerre mondiale (1914-1918), p. 638, 639.

52 Lênin, ao mesmo tempo em que se apoiava na teoria marxista, introduziu novas concepções ao movimento socialista. Provou, com a Revolução Russa, que uma revolução socialista podia ocorrer num país cujo estágio de desenvolvimento da industrialização e do sistema capitalista era ainda bastante atrasado. Além disso, criou um outro modelo de partido, que deveria ser uma vanguarda política, formada para o combate, constituída por revolucionários profissionais, a fim de conduzir as massas para um novo sistema. DROZ, Jacques. Conclusion. In: DROZ, Jacques (org.). *Histoire générale du socialisme*, p. 644, 645.

opunham cada vez mais. O último congresso pôs em evidência as profundas divergências entre Karl Marx e Mikhail Bakounin. Marx conseguiu aprovar a transferência do conselho geral da organização, de Londres para Nova York. Essa mudança significou a liquidação da AIT, confirmada durante sua última conferência na Filadélfia, em 1876, quando foi anunciada a dissolução de seu conselho geral.[53] Nesse meio tempo, profundas mudanças sociais se anunciavam.

A partir do final do século XIX as estruturas operárias viveram grandes transformações, devidas ao desenvolvimento da sociedade industrial: aumento do número de trabalhadores da indústria, concentração de operários em empresas maiores, surgimento de novas categorias profissionais[54] – seguidas de um crescimento do sindicalismo e da criação dos primeiros partidos socialistas.[55] Uma nova fase do movimento operário começava, trazendo a necessidade de um organismo internacional que reunisse as organizações operárias, sindicais e socialistas dos diversos países sob uma base teórica e uma estratégia de ação comuns. Ora, era preciso reconstruir a AIT. Tentativas nesse sentido sucederam-se entre 1876 e 1889.

---

53 WINOCK, Michel. Introduction. In: *Congrès internationaux socialistes de Paris 1889: le congrès marxiste, le congrès possibiliste*, Genebra: Minkoff Reprint, 1976, p. I.

54 KRIEGEL, Annie. La IIe Internationale (1889-1914), p. 555.

55 "Em vários países assiste-se assim, paralelamente à expansão industrial, mas às vezes mesmo em países sem indústria, ao verdadeiro início de um socialismo organizado." WINOCK, Michel. Introduction. In: *Congrès internationaux socialistes de Paris 1889: le congrès marxiste, le congrès possibiliste*, p. II.

A. A constituição

Durante o ano do centenário da Revolução Francesa e da Exposição Universal de Paris, socialistas de diversos países europeus decidiram reunir um congresso operário internacional: "Os socialistas da França não podiam deixar passar o centenário da Revolução burguesa sem afirmar a chegada próxima de uma revolução operária."[56] Os socialistas franceses foram encarregados de organizar o evento. As rivalidades que os dividiam, apesar das inúmeras tentativas de conciliação, fizeram com que em julho de 1889 ocorressem dois congressos concorrentes: um *possibilista*, outro marxista. As divergências entre os dois grupos iniciaram-se em 1882, no seio do Partido dos Trabalhadores Socialistas da França. Na origem das disputas encontrava-se a preocupação de parte dos militantes de concentrar seus esforços no plano eleitoral e de lutar por reformas imediatamente realizáveis, possíveis. Os marxistas opunham-se ao socialismo reformista. Denunciaram o *possibilismo* dessas proposições, preconizando a via da luta de classes. Como consequência, cada corrente criou seu próprio partido: os *possibilistas* a Federação dos Trabalhadores Socialistas Franceses, os marxistas o Partido Operário Francês.[57] A despeito das diferenças entre os dois grupos, a ordem do dia de seus congressos era mais ou menos a mesma e apontava a necessidade de uma legislação internacional e de uma regulamentação legal da jornada de trabalho. A Federação Americana do Trabalho havia lançado nos Estados Unidos uma

---

56 *Congrès socialistes internationaux de Paris 1889: le congrès marxiste, le congrès possibiliste*, p. 3.
57 MAITRON, Jean (org.). *Dictionnaire biographique du mouvement ouvrier français*, p. 350.

campanha pela jornada de trabalho de oito horas. Foi decidido que a partir de 1890 uma festa em favor das lutas dos trabalhadores seria organizada no 1º de maio, em homenagem aos operários de Chicago mortos durante uma greve em 1886.[58]

O congresso de Bruxelas, em agosto de 1891, dando continuidade às discussões dos dois congressos precedentes (marxista e *possibilista*), marcou a unificação e representou um passo importante em direção à constituição da II Internacional. Dentro da pauta estavam colocadas questões como o militarismo, a greve universal e a luta contra a guerra. Havia sido decidido que as nacionalidades que estivessem representadas nos encontros internacionais elaborariam um relatório sobre suas condições sociais, econômicas e políticas. O francês, o inglês e o alemão eram as línguas oficiais destes encontros. O congresso reunia todas as tendências do socialismo internacional, mas os delegados anarquistas foram logo excluídos – o que, aliado às moções aprovadas, evidenciou a influência dos marxistas.[59]

O objetivo da Segunda Internacional era reunir todas as organizações operárias e socialistas para discutir uma estratégia de ação comum no enfrentamento dos problemas colocados pela conjuntura internacional e nacional de cada país. É sobretudo a partir de sua criação que se pode situar o progresso do movimento socialista.[60] Os congressos constituíam um espaço privilegiado para dirimir conflitos internos do movimento socialista, assim como para

---

58 Annie Kriegel, Annie. La IIe Internationale (1889-1914), p. 560.
59 Winock, Michel. Introduction. In: *Congrès international ouvrier socialiste (Bruxelles, 16-23 août 1891)*, Genebra: Minkoff Reprint, 1977, p. 1-4.
60 Winock, Michel. *Le socialisme en France et en Europe (XIXe-XXe siècles)*, p. 10.

debater as grandes questões que se apresentavam: o revisionismo, a exploração colonial, as questões das nacionalidades, a imigração, a repressão ao movimento operário, a luta contra a guerra, a greve geral etc.[61] O grande desafio de tal tipo de organização era conciliar uma orientação comum com a diversidade de nações e de tendências políticas que a compunham, respeitando sua autonomia e suas próprias iniciativas. Ao contrário da AIT, a Segunda Internacional pretendia ser descentralizada. Os congressos tornavam igualmente possível a troca de informações sobre a situação do socialismo e das lutas que os trabalhadores travavam em cada país. O que permitiu a apresentação de um quadro intitulado "Forças socialistas do mundo inteiro", dentro de um dos volumes da *Enciclopédia Socialista*, publicada em 1912 por Compère-Morel.

No período da Segunda Internacional o socialismo começou a expandir-se. Pouco a pouco deixava os estreitos limites da Europa ocidental e alcançava outros continentes. O desenvolvimento da indústria, a exportação das ideias socialistas por intermédio dos imigrantes europeus, a circulação da teoria socialista através dos livros: o socialismo tornava-se intercontinental. A cada congresso, novos países aderiam. Por vezes sua presença era irregular, mas muitos se faziam representar de forma permanente. A despeito de sua expansão, o movimento socialista resumia-se, *grosso modo*, à Europa e aos Estados Unidos. Este último era o único país fora do continente europeu que podia medir-se às potências socialistas da Europa, representadas sobretudo pelos países ocidentais: Alemanha, França e Inglaterra.

---

61 Droz, Jacques. Introduction. In: Droz, Jacques (org.). *Histoire générale du socialisme*, p. 9.

B. Os congressos, os debates, as divisões

A Segunda Internacional desempenhou um papel considerável na cena política internacional e afirmou-se como uma das forças ideológicas ativas no início do século XX. Entretanto, teve de enfrentar, durante toda sua trajetória, profundas divisões. Os dois congressos em Paris, no ano de sua criação, dão prova disso.

A relação entre socialismo de partido e socialismo sindical, fonte de inúmeros enfrentamentos, foi uma questão amplamente debatida dentro da Internacional. De acordo com Michel Winock, "Em vários países, assiste-se à fundação de partidos socialistas – vivamente criticados por uma parte do movimento operário, que os vê apenas como um 'socialismo burguês', um 'socialismo de intelectuais' servindo-se dos proletários para satisfazer suas próprias ambições. Diante deles, mas de maneira muito variável de acordo com cada país, chocam-se com os adeptos de um obrerismo que privilegia métodos de ação especificamente operários: o sindicalismo e a greve geral."[62] A crítica dos sindicalistas e dos partidários da autonomia operária aos partidos políticos não carecia de pertinência, uma vez que esses partidos consagravam-se muitas vezes à conquista do poder político – frequentemente as eleições adquiriam para eles uma importância considerável – deixando de lado as lutas operárias.

No congresso de Zurique, em agosto de 1893, três debates ocuparam a cena principal: as condições de admissão nos congressos – cujo âmago era a aceitação ou não dos anarquistas –, a atitude dos socialistas em caso de guerra e a tática a adotar diante da ação parlamentarista. No que dizia respeito à guerra, a proposta de greve geral

---

62 WINOCK, Michel. *Le socialisme en France et en Europe (XIXᵉ-XXᵉ siècles)*, p. 59.

como instrumento de luta perdeu contra aquela que subordinava esta questão à vitória do socialismo. Enfim, sobre esse último ponto, a moção aprovada foi uma versão retocada da proposta que defendia a ação parlamentar como um meio importante de conquista do poder político. Neste congresso, foi o Partido Social-Democrata alemão que deu o tom.[63]

O congresso de Zurique incluiu os anarquistas, mas foi o congresso de Londres, ocorrido em julho-agosto de 1896, que decidiu por sua expulsão, operando definitivamente a ruptura entre socialistas e anarquistas já esboçada no congresso precedente.[64] O marxismo tornou-se a doutrina oficial da Segunda Internacional.[65]

Em 1899 o livro de Edouard Bernstein, *As premissas do socialismo e as tarefas da social-democracia*, desencadeou a crise do revisionismo, teoria segundo a qual o papel dos socialistas era de reformar o sistema capitalista ao invés de suprimi-lo. O autor propunha o afastamento do "revolucionarismo" em favor de uma política de reformas socialistas e democráticas. Segundo suas convicções, o socialismo significava o liberalismo em sua forma mais acabada. A tarefa a desempenhar resumia-se, portanto, a aperfeiçoar a democracia.[66] No congresso de Paris, em 1900, as discussões sobre a participação dos socialistas no poder foram bastante intensas, provocadas pelo livro

---

63 Winock, Michel. Introduction. In: *Congrès international ouvrier socialiste (Zurich, 6-12 août 1893)*, Genebra: Minkoff Reprint, 1977, p. 1-4.
64 Winock, Michel. Introduction. In: *Congrès international socialiste des travailleurs et des chambres syndicales ouvrières (Londres 1896)*, Genebra: Minkoff Reprint, 1980, p. 3.
65 Droz, Jacques. Introduction. In: Droz, Jacques (org.). *Histoire générale du socialisme*, p. 12.
66 Kriegel, Annie. *La IIe Internationale (1889-1914)*, p. 569, 570.

do social-democrata alemão e pelo ingresso do socialista francês Alexandre Millerand no corpo ministerial de Waldeck-Rousseau. A resolução adotada foi extremamente ambígua, tanto no tocante a esse assunto quanto no das alianças.[67] Foi nesse congresso que surgiu, pela primeira vez, a questão colonial como ponto de discussão – embora tenha se mantido, em definitivo, como um tema marginal. A moção então aprovada condenava a política colonial, considerada burguesa, e estimulava a criação de partidos socialistas nos países coloniais, filiados a seus homólogos metropolitanos.[68]

A importância do congresso de Paris deve-se, contudo, à criação do Birô Socialista Internacional (BSI), cuja meta era a de reestruturar a Internacional, oferecendo às diversas organizações internacionais um órgão permanente de ligação. O BSI, constituído por um secretariado e dois delegados de cada país e sediado em Bruxelas, reunia-se uma vez por ano em reunião plenária. Essa organização administrativa apenas veio a atender ao conjunto de seus objetivos a partir de 1905, quando Camille Huysmans assumiu a função de secretário geral. O BSI tornou-se então o núcleo da Internacional, promovendo as publicações, os debates e os eventos que ocorriam entre os congressos – em 1909 iniciou-se a publicação de um boletim periódico trilingue sobre as atividades socialistas no mundo.[69]

No congresso de Amsterdã, em 1904, após vários debates, o revisionismo foi oficialmente denunciado e combatido.[70] Contudo,

---

67 WINOCK, Michel. Introduction. In: *Congrès international socialiste des travailleurs et des chambres syndicales ouvrières (Londres 1896)*, p. 9.
68 KRIEGEL, Annie. La IIe Internationale (1889-1914), p. 572.
69 WINOCK, Michel. *Le socialisme en France et en Europe (XIXe-XXe siècles)*, p. 129.
70 Jacques Droz situa a condenação do revisionsimo no Congresso da Intenacional de Amsterdã (1904). DROZ, Jacques. Introduction. In:

a discussão sobre as questões levantadas pelos revisionistas continuou a dividir os socialistas e essas ideias impregnaram "cada vez mais profundamente o conjunto dos partidos socialistas europeus, acentuando a defesa dos interesses materiais dos trabalhadores além dos problemas de organização e embotando progressivamente a vontade revolucionária e mesmo a consciência de classe. Sob a forma prática, o revisionismo preconizou a aliança com as frações mais progressistas da burguesia e até, como foi o caso na França no final do século, a participação no governo."[71] A questão colonial dividia, igualmente, os socialistas em duas tendências: aquela que denunciava o imperialismo e aquela que via o colonialismo como uma realidade incontornável, preconizando uma "política colonial socialista positiva".[72] A questão da emigração e da imigração surgiu nesse congresso pela primeira vez mas, por ser um ponto polêmico, decidiu-se transferi-la para o congresso seguinte.

Após a Revolução Russa de 1905, começaram a formar-se, no seio dos partidos socialistas, pequenos grupos de oposição à esquerda. A noção de greve geral progressivamente tomou corpo, sobretudo entre os anarco-sindicalistas. Conforme se aproximava a Primeira Guerra, os debates sobre a greve geral como principal forma de pressão pela paz sucederam-se sem, todavia, que se organizasse uma estratégia comum de luta.

Droz, Jacques (org.). *Histoire générale du socialisme*, p. 11 –; ao passo que Annie Kriegel a situa no congresso de Paris (1900) – Kriegel, Annie. La IIe Internationale (1889-1914), p. 571.

71 Droz, Jacques. Introduction. In: Droz, Jacques (org.). *Histoire générale du socialisme*, p. 11.
72 Kriegel, Annie. La IIe Internationale (1889-1914), p. 572, 573.

O congresso de Stuttgart, em agosto de 1907, foi considerado o auge da Segunda Internacional. Os temas centrais foram o militarismo e os conflitos internacionais, que provocaram vivos debates.[73] Outro ponto importante, decorrente dos episódios trágicos ocorridos nas colônias, foi a questão colonial, enfim discutida mais seriamente. Três tendências formaram-se: uma à direita, que encarava a colonização como um elemento civilizador; uma ao centro, que se opunha aos abusos, mas considerava a colonização como um "fator de progresso"; uma à esquerda que mostrava que a colonização não trazia nenhuma evolução aos países colonizados.[74]

A escolha de Copenhague como sede do congresso de agosto-setembro de 1910 foi uma homenagem ao grande crescimento do socialismo escandinavo. No coração do debate, questões extremamente polêmicas, como as relações entre o internacionalismo e a questão nacional, ou como os meios de impedir a guerra, demonstravam, uma vez mais, as profundas divergências entre as diversas tendências políticas.[75]

C. A Primeira Guerra Mundial: internacionalismo X nacionalismo

Diante da inquietação provocada pelas guerras balcânicas (1912-1913) e da sugestão de Jean Jaurès, foi convocado um congresso

---

73 HAUPT, Georges. Introduction. *Congrès socialiste international (Stuttgart, 18-24 août 1907)*. Genebra: Minkoff Editeur, t. XVII, 1985, p. 10.
74 KRIEGEL, Annie. La IIe Internationale (1889-1914), p. 573.
75 HAUPT, Georges. Introduction. *Congrès socialiste international (Copenhague, 28 août – 3 septembre 1910)*. Genebra: Minkoff Reprint, t. XIX, 1981, p. 7-10.

extraordinário em novembro de 1912, em Bale (Suíça). A resolução falava em evitar a guerra por todos os meios sem, contudo, precisá-los. Buscando manter uma unanimidade cara aos socialistas,[76] evitou-se discutir em detalhe a proposição – à qual os alemães opuseram-se – de provocar, em caso de guerra, uma greve geral em todas as indústrias de base.[77] A questão era extremamente espinhosa, pois dizia diretamente respeito aos países da Internacional.[78] Os nacionalismos opunham-se à natureza de uma organização cuja essência era a solidariedade internacional. Malgrado os inumeráveis esforços de reflexão e de pesquisa sobre as relações entre os socialismos e os nacionalismos, os membros da Segunda Internacional não encontraram um modo de harmonizá-los. Em dezembro de 1912, os partidos socialistas e os sindicatos, dando sequência às resoluções de Bale, organizaram manifestações contra a guerra em toda Europa. Entretanto, desde que a crise apaziguou-se, as divergências retornaram à cena.[79]

---

76 Segundo Jean Longuet, o congresso deveria ser, antes de tudo "uma expressiva demonstração da unidade do movimento socialista contra a guerra, uma harmoniosa manifestação da potência da Internacional." Apud HAUPT, Georges. Introduction. *Congrès international extraordinaire (Bâle, 24-25 novembre 1912)*, Genebra: Minkoff Reprint, t. XXII, 1980, p. 8.

77 WINOCK, Michel. *Le socialisme en France et en Europe (XIXe-XXe siècles)*, p. 134.

78 É fato que a questão colonial também concernia os países imperialistas que compunham a Internacional, mas os socialistas desse países podiam não se engajar completamente nesse tema, visto que não sofriam diretamente as consequências do imperialismo. "No total, os socialistas apenas dirigiram à questão colonial uma atenção secundária e parecem ter sido influenciados pela 'atmosfera imperial' que dominou na época." BRUNET, Jean-Paul. *Histoire du socialisme en France*, p. 40.

79 HAUPT, Georges. Introduction. *Congrès international extraordinaire (Bâle, 24-25 novembre 1912)*, p. 10.

Nenhuma das propostas aprovadas nos congressos pela II Internacional foi colocada em prática. Nem a greve geral, cujo objetivo era evitar a guerra – afinal de contas, a Internacional havia tomado o partido da paz –, nem a estratégia visando transformar o conflito em uma revolução proletária – salvo, evidentemente, na Rússia. A Internacional manteve-se dividida, imóvel, sem encontrar formas eficazes de frear o conflito: "O socialismo não conseguia, na borda de 1914, superar duas grandes contradições da mesma ordem: que, falando em nome de uma maioria de excluídos, tenha reunido apenas uma minoria; e que, falando em termos de internacionalismo, tenha sido exatamente contemporâneo, e sem dúvida paralelo, da fundação dos grandes nacionalismos modernos."[80]

Muito pelo contrário, foi o nacionalismo que arrebatou os socialistas franceses e alemães. No momento em que a guerra apresentou-se não mais como uma possibilidade, mas como uma realidade, a tendência geral dos socialistas foi a de colocar a pátria acima das questões ideológicas. De fato, a guerra era ideologicamente justificável dos dois lados. Os socialistas franceses possuíam o argumento da invasão da Bélgica e estavam seguros de lutar pela liberdade do mundo, protegendo a República francesa diante de uma "Alemanha imperialista e aristocrática". Os socialistas alemães defendiam o Partido Social-Democrático, o mais forte e organizado do mundo e a classe operária contra as ameaças de um "Estado atrasado, pouco industrializado, autocrático". Enfim, "alemães e franceses imaginam-se justificados pelo que, tanto para uns, como para os outros, trata-se de uma guerra defensiva, de uma guerra que lhes foi imposta. A

---

80 ORY, Pascal. L'apogée de l'Europe, In ORY, Pascal. (org.). *Nouvelle histoire des idées politiques*, p. 258.

salvaguarda de seu socialismo passa, doravante, pela salvaguarda de sua pátria."[81]

No momento da guerra (1914) – segundo Jacques Droz – podiam-se distinguir, no seio do movimento socialista, três tendências. Uma centrista, de vocabulário e ortodoxia marxistas, que mantinham a ideia de uma evolução histórica que desembocaria na revolução e no socialismo. Uma revisionista, que pretendia melhorar as condições de vida da classe operária através de conquistas parlamentares e aceitava a possibilidade de associar-se com as ideologias nacionalista e imperialista. E, enfim, uma esquerdista, heterogênea e dispersa entre anarco-sindicalismo – fiel à revolução, e à ideia de utilizar a greve geral como estratégia de luta – luxembourguismo e leninismo – divergências sobre o papel do partido, sobre a aliança com o campesinato e sobre o espaço a conceder aos movimentos nacionalistas.[82]

Em oposição radical à União Sagrada, alguns intelectuais – como Romain Rolland – refugiaram-se na Suíça, onde criaram um polo de convergência da esquerda pacifista.[83] As forças pela paz organizadas

---

81 WINOCK, Michel. *Le socialisme en France et en Europe (XIXe-XXe siècles)*, p. 135.

82 Essas duas tendências compartilhavam o combate ao revisionismo, mas nutriam divergências importantes. Os partidários de Rosa Luxemburgo defendiam a espontaneidade revolucionária da classe operária, posicionava-se contra uma aliança com o campesinato, considerado contra-revolucionário e opunha-se aos movimentos nacionalistas. Os partidários de Lênin, por sua vez, sustentavam que a classe operária deveria ser dirigida por uma vanguarda revolucionária, considerava os camponeses como aliados potenciais e não viam no movimentos nacionalistas um obstáculo à manutenção do internacionalismo. DROZ, Jacques. Introduction. In: DROZ, Jacques (org.). *Histoire générale du socialisme*, p. 16, 17.

83 PROCHASSON, Christophe. *Les intellectuels, le socialisme et la guerre (1900-1938)*. Paris: Seuil, 1993, p. 160.

nos países em guerra trabalhavam sob uma dura censura, às vezes bastante violenta, por isso suas ações assumiam frequentemente um caráter clandestino. No curso da guerra – sobretudo a partir do inverno de 1914-1915 – a participação dos socialistas na União Sagrada recuou pouco a pouco. A "lavagem cerebral" ideológica em favor da guerra não podia mais suprimir o mal-estar que a dura realidade do combate face a face provocava. Os socialistas começaram a assumir uma postura crítica em relação à guerra e a reforçar o pacifismo.

Em novembro de 1914 a sede e os arquivos do BSI foram transferidos a Haia por Camille Huysmans. Em março de 1915, mulheres socialistas promoveram encontros em Berna, na Suíça, seguidas por jovens, que fizeram o mesmo em abril. Em setembro de 1915, socialistas de onze países (França e Alemanha incluídos) reuniram-se em Zimmerwald. Os 38 delegados presentes aprovaram um manifesto redigido por Leon Trotski, que condenava a guerra e a União Sagrada. Uma Comissão Socialista Internacional (CSI) foi criada. Esse encontro seria considerado, mais tarde, como o berço da Terceira Internacional, pois Lênin na ocasião propôs uma ruptura com os social-patriotas e a criação de uma terceira Internacional. A ideia contou com o apoio de apenas cinco delegados, num total de 38.[84]

Foi sobretudo a partir de 1916 que a denúncia da guerra imperialista tomou corpo. As discussões concerniam às condições da paz que uma parte dos socialistas queria estabelecer por um caminho alternativo à via militar.[85] A aspiração ao internacionalismo substi-

---

84 Winock, Michel. *Le socialisme en France et en Europe (XIXe-XXe siècles)*, p. 138.
85 Rebérioux, Madeleine. Le socialisme et la Première Guerre mondiale (1914-1918), p. 612.

tuiu progressivamente o nacionalismo belicoso. Outra conferência ocorreu em Kienthal, em abril de 1916. A CSI, sem romper com o BSI, reuniu 44 militantes e impulsionou o movimento socialista internacional à esquerda: sua intenção era mobilizar a classe operária na luta pela paz e por suas reivindicações, sem perder de vista o objetivo final, a tomada do poder. As propostas de Lênin progrediram: 19 votos em 43; a esquerda zimmerwaldiana (os partidários de Lênin e os espartaquistas alemães, como Rosa de Luxemburgo e Karl Liebknecht) reforçou-se.[86]

A Revolução Russa de 1917 modificou enormemente o cenário mundial. Os socialistas russos lograram êxito ao pôr em prática a resolução do congresso de Stuttgart: transformar a guerra em revolução. Opunham-se fortemente ao governo estabelecido e não tinham nada a perder ao combatê-lo, diferentemente do que ocorria na França e na Alemanha, onde o socialismo havia conquistado um espaço político considerável.[87] As influências da Revolução Russa sobre o socialismo foram profundas. A vitória dessa experiência prática trazia inumeráveis lições, orientando os debates do socialismo no sentido do *savoir faire* bolchevique. A Revolução foi seguida de uma série de manifestações e greves nos países em guerra e alhures. A despeito da falta de uma perspectiva revolucionária nesses movimentos, essa agitação diminuiu o respeito que as populações em guerra nutriam por seus governos, apagando a confiança que lhe havia sido acordada no que dizia respeito aos objetivos e às razões

---

86 WINOCK, Michel. *Le socialisme en France et en Europe (XIXe-XXe siècles)*, p. 138.

87 WINOCK, Michel. *Le socialisme en France et en Europe (XIXe-XXe siècles)*, p. 374.

da guerra. "A paz e mesmo a revolução tornam-se a partir daí para o socialismo europeu, objetivos não totalmente utópicos."[88]

A conferência de Estocolmo, em setembro de 1917 (após a primeira fase da Revolução Russa, mas antes da tomada de poder pelos bolcheviques) foi, segundo Madeleine Rebérioux, a "grande esperança perdida".[89] Desde o início os membros, os projetos e os objetivos divergiram. O número de socialistas que mantinham uma posição nacionalista – e até chauvinista – pouco disfarçada era ainda expressivo. Os governos dos países aliados recusaram o passaporte aos socialistas que para lá se dirigiam. Todavia, a reunião aconteceu nos dias 5 a 7 de setembro, limitada pela ausência dos representantes dos países aliados e pela dificuldade criada pela repressão em agosto contra os bolcheviques. Lênin e os espartaquistas alemães opuseram-se à reconstrução da Segunda Internacional por considerar "derrisória a esperança de estabelecer uma ligação entre os socialistas governamentais dos dois campos, 'cúmplices de seus respectivos governos' e fizeram um chamamento, pela salvação da Revolução Russa e pela paz, à 'greve internacional geral'".[90] Os bolcheviques, sobretudo após sua chegada ao poder em outubro de 1917, radicalizaram suas posições e apresentaram-se como um modelo revolucionário que não aceitava a colaboração de classes. A Segunda Internacional chegava ao fim, ao mesmo tempo em que nascia a terceira.

---

88 Rebérioux, Madeleine. Le socialisme et la Première Guerre mondiale (1914-1918), p. 625.

89 Rebérioux, Madeleine. Le socialisme et la Première Guerre mondiale (1914-1918), p. 625.

90 Rebérioux, Madeleine. Le socialisme et la Première Guerre mondiale (1914-1918), p. 629.

A Segunda Internacional não sobreviveu à guerra, mas seu saldo foi bastante positivo. Ainda que não tenha podido impedir o conflito, conseguiu ao menos diminuir a pressão militarista e nacionalista na Europa. Ademais, foi um modelo de solidariedade internacional, o núcleo de uma rede socialista em escala mundial. Foi, igualmente, um espaço privilegiado de debates e discussões, desenvolvendo temas até então inéditos na esfera das relações internacionais: negociações concertadas, arbitragem, jurisdição internacional, desarmamento; assim como noções modernas, tais como a autonomia, a interdependência, a supranacionalidade.[91]

A guerra, por sua vez, deixava um saldo mais amargo: as forças socialistas tiveram uma brusca diminuição de seus efetivos, o anarquismo e o sindicalismo não reencontraram mais, no movimento socialista, a importância que possuíam antes do conflito.[92] Porém, embora se encontrassem divididas e enfraquecidas, as forças socialistas descobriram outras saídas: a esperança de um mundo melhor era estimulada pelas novas perspectivas oferecidas pelo laboratório socialista no qual a Rússia se transformava.

3. No seio da Segunda Internacional Socialista: emigração e imigração em debate

Entre o primeiro quartel do século XIX e o início do século XX, ocorreu um deslocamento de grandes contingentes de trabalhadores

---

91 KRIEGEL, Annie. La IIe Internationale (1889-1914), p. 583.
92 REBÉRIOUX, Madeleine. Le socialisme et la Première Guerre mondiale (1914-1918), p. 638.

europeus e asiáticos que deixavam seus países superpovoados e sem recursos à procura de melhores condições de trabalho e de via nos "países jovens": Argentina, Brasil, Uruguai, Estados Unidos, Canadá, Austrália, Nova Zelândia. Esse intenso movimento migratório trouxe uma série de questões aos socialistas.

Em primeiro lugar, era preciso proteger os emigrantes das fraudes dos agentes de emigração e das companhias de navegação que faziam do fluxo migratório uma atividade extremamente rentável. Além do mais, devia-se combater a propaganda falaciosa da qual se serviam os escritórios de imigração para atrair a esses países uma mão de obra barata. Essa estratégia de empresários e proprietários rurais provocava choques violentos entre os trabalhadores locais e os recém-chegados, pois estes últimos eram frequentemente empregados na substituição dos primeiros, a um custo mais baixo e após os movimentos grevistas, com o objetivo de quebrar o movimento operário local. Enfim, os imigrantes nem sempre tinham seus direitos políticos assegurados nos novos países, sendo impedidos de votar ou de organizar-se politicamente.

A. O congresso de Amsterdã: o primeiro relatório

A primeira vez que o tema da emigração e imigração foi debatido pela Internacional data de agosto de 1904. A questão integrou a ordem do dia do congresso por sugestão dos socialistas argentinos, que apresentaram um relatório descrevendo algumas manifestações do fenômeno em seu país.[93]

---

93 O relatório da Argentina foi igualmente publicado pelo jornal *Le Socialiste*, 17-24 de julho de 1904, n° 92.

O relatório, assinado pelo secretário geral do partido, A. S. Lorenzo,[94] começa por expor o interesse que o governo argentino, constituído por grandes proprietários rurais, possuía numa imigração artificial promovida às expensas dos confres públicos.[95] A oposição entre "imigração não artificial" ou "natural" e "imigração artificial" é bastante frequente nas considerações que se dedicam a este tema. Contudo, sua utilização é ambígua e ao menos duas interpretações são possíveis. Na primeira, a "imigração natural" refere-se àquela na qual o trabalhador, impossibilitado de encontrar em seu país condições de sobrevivência, é obrigado a buscá-la em outras terras e a "imigração artificial" diz respeito aos trabalhadores convidados por uma empresa ou pelo governo de um outro país para viver fora de sua terra natal. Na segunda, "imigração natural" designa a imigração a um país que possui necessidade de mão de obra e "imigração artificial" seria a imigração fomentada através de propagandas e estímulos em um país no qual a mão de obra não é escassa.

De acordo com A. S. Lorenzo, o governo argentino não era o único interessando na imigração: "Certos governos europeus,

---

94 Não foi possível identificar seu primeiro nome. A mesma dificuldade foi encontrada em relação a alguns delegados da Internacional, pois os documentos citam apenas as iniciais, seguidas do sobrenome.

95 Na Argentina, a imigração era fomentada pelo Estado. Em outros países – Estados Unidos, Canadá, Austrália, África do Sul – abundavam as leis de restrição à imigração, algumas vezes exigindo que os imigrantes pudessem escrever em uma língua europeia a partir de um ditado. Além disso, a imigração era proibida aos portadores de doenças contagiosas, aos anarquistas, aos idiotas, aos loucos, aos pobres, aos criminosos, às prostitutas etc. Série de artigos escritos por Schippel, publicados pela revista *Neue Zeit* e reproduzidos em forma abreviada em *Propositions et projets de résolutions du congrès socialiste international (Stuttgart, 18-24 août 1907)*, Minkoff Reprint, Genève, t. XVI, 1978, p. 584-594.

obedecendo a planos mais ou menos fantásticos de imperialismo, fomentam a emigração rumo a pontos determinados, sem se preocupar com o que o trabalhador ali encontrará."[96] Para enfrentar uma política governamental cujo objetivo era aproveitar da situação desfavorável do imigrante, o Partido Socialista argentino sugeriu uma estratégia que se desdobraria nos dois lados do Atlântico: os partidos operários dos "países jovens" deveriam opor-se firmemente às despesas públicas destinadas a financiar artificialmente; os partidos europeus teriam a responsabilidade de submeter as agências de propaganda a um controle severo, substituindo a falsa propaganda pela informação operária "imparcial e exata".[97]

Apesar de tudo, a imigração "não artificial" era vista de maneira positiva pelos socialistas argentinos, pois a presença de estrangeiros possuía o mérito de melhorar a situação da classe operária.[98] Mas elevariam eles o nível de vida fosse qual fosse sua origem? Certamente não. Falava-se aqui do estrangeiro europeu, saído de um ambiente político propício para impulsionar o movimento socialista, de uma "cultura civilizada", capaz de fazer progredir o movimento operário no país de adoção. Tal desejo, entretanto, chocava-se com o desgosto que sentiam muitos emigrantes em abandonar sua nacionalidade, mesmo se fosse esse o preço a pagar para integrar-se na vida política e social da nova morada: "Um bom número de proletários estrangeiros estimam que a aquisição de direitos políticos na Argentina

---

96 Rapport de l'Argentine. In: *Congrès socialiste international (Amsterdam, 14-20 août 1904)*, p. 119.

97 Rapport de l'Argentine. In: *Congrès socialiste international (Amsterdam, 14-20 août 1904)*, p. 120.

98 Rapport de l'Argentine. In: *Congrès socialiste international (Amsterdam, 14-20 août 1904)*, p. 119.

não os interessa tanto quanto a conservação de prerrogativas que lhes dá a manutenção da nacionalidade de seu país de origem."[99] O secretário do Partido Socialista argentino parece não se dar conta de que, entre os imigrantes, muitos partiam com o intuito de retornar. Seu objetivo não era construir uma nova vida no país de imigração mas, ao contrário, acumular alguma riqueza para poder levar uma existência confortável em seu país de origem.

O relatório argentino acrescentava que além da recusa de um número importante de imigrantes de mudar a nacionalidade, a naturalização, inicialmente facilitada, restringia-se de mais a mais, devido à promulgação da lei de expulsão de estrangeiros. O governo tomava suas precauções para evitar toda influência perigosa: a carta de naturalização apenas era entregue se o solicitador apresentasse um certificado de boa conduta, emitido por um delegado de polícia.[100] Para reverter essa política, o Partido Socialista Argentino estimava necessário que os Estados europeus enviassem uma grande quantidade de imigrantes à Argentina, forçando o governo a reformar a legislação. Sua "opinião" – nesse momento o vocabulário desloca-se do "dever" ou da "necessidade" para assumir um tom mais prudente, pois se tratava de uma questão internacional que concernia igualmente seus companheiros europeus – era a de que seria melhor obter dos governos implicados uma lei comum. Esta lei permitiria ao imigrante que já tivesse obtido a nacionalidade do

---

99 Rapport de l'Argentine. In: Congrès socialiste international (Amsterdam, 14-20 août 1904), p. 124.

100 "Para merecer esse certificado é preciso não professar nenhuma doutrina contrária ao regime econômico-político especial de todas as sociedades capitalistas. Rapport de l'Argentine. In: Congrès socialiste international (Amsterdam, 14-20 août 1904), p. 124.

país de adoção, de retomar sua nacionalidade de origem, caso decidisse retornar definitivamente a seu país natal. De todo modo, ele submeter-se-ia às leis da nação escolhida.

A Comissão de Emigração e Imigração do congresso de Amsterdã, cujo relator era o escritor argentino Manuel Ugarte, submeteu aos delegados uma outra resolução. Não se estabelecia mais distinções entre a emigração natural e a artificial; o emigrante era caracterizado como "vítima do regime capitalista, que o força frequentemente à expatriação para assegurar arduamente sua existência e sua liberdade".[101] Ora, se o trabalhador não podia ter em seu próprio país as condições necessárias à sua sobrevivência, era obrigado a procurá-las alhures. A emigração tornava-se uma necessidade, sendo portanto proclamada a condenação a "toda medida legislativa tendo por objeto o impedimento da emigração."[102]

Outra resolução foi igualmente proposta por alguns delegados da Holanda, dos Estados Unidos e da Austrália, segundo a qual era preciso opor-se a toda lei que proibisse a imigração daqueles que "a miséria obriga a emigrar". Mas essa mesma resolução levantou o problema trazido pelos operários de "nacionalidades atrasadas", como os "chineses, os negros, etc.", que "são frequentemente importados pelos capitalistas para prejudicar os operários indígenas trabalhando por um mínimo de salário" e que "se deixam explorar vivendo em uma espécie de escravidão."[103] Era portanto necessário

---

101 Emigration et Immigration. In: *Congrès socialiste international (Amsterdam, 14-20 août 1904)*, p. 394.

102 Emigration et Immigration. In: *Congrès socialiste international (Amsterdam, 14-20 août 1904)*, p. 394.

103 Emigration et Immigration. In: *Congrès socialiste international (Amsterdam, 14-20 août 1904)*, p 396.

que a social-democracia combatesse tal estratégia empregada para arruinar a organização do movimento operário e, consequentemente, a realização do socialismo. Essa resolução procurava minimizar seu caráter racista com a evocação de nobres objetivos, como a "realização do socialismo", o que não passou despercebido aos outros delegados que fariam disso o centro da discussão.

O debate concentrou-se na interdição ou não da emigração dita artificial. O delegado estadunidense Morris Hillquit argumentava que os chineses (*coolies*) eram importados por dezenas de milhares para destruir a organização sindical e que era necessário muito tempo para poder organizá-los. Propunha, portanto, que fosse proibida a importação de chineses o que já fora, aliás, promulgado pelas organizações sindicais americanas.: "Essa medida pode ser chamada de reacionária, mas é absolutamente necessária."[104] Protestos contra a intervenção de Morris Hillquit fizeram-se ouvir, mesmo dentro da delegação estadunidense, mas não foi possível desenvolver a discussão.

O tempo era curto e a questão importante. A Comissão decidiu adiá-la para o próximo congresso – os projetos de resolução foram retirados. Na realidade, o congresso de Amsterdã, por demais ocupado com o debate sobre o revisionismo, não pôde dedicar aos outros temas mais do que meio-período.[105]

---

104 Emigration et Immigration. In: *Congrès socialiste international (Amsterdam, 14-20 août 1904)*, p. 397.
105 HAUPT, Georges. Introduction. *Congrès socialiste international (Amsterdam, 14-20 août 1904)*, p. 10.

B. O congresso de Stuttgart: relatórios e debate

Três anos depois, em agosto de 1907, a Argentina apresentava o mesmo relatório que havia elaborado para o congresso precedente. A ausência de modificações pode ser interpretada como a reiteração da análise de uma realidade que continuava sem grandes alterações e da posição argentina sobre o tema da imigração. Em revanche, o projeto de resolução do Partido Socialista dos Estados Unidos havia mudado consideravelmente desde o congresso de Amsterdã. Empregando um tom menos discriminatório e mais didático, distinguia fundamentalmente dois tipos de emigrantes. De um lado, aqueles que são obrigados de deixar seu país por necessidade econômica ou por perseguição política e aqueles que são artificialmente estimulados pela propaganda capitalista, vítimas da falta de escrúpulos de empresários e especuladores.[106] Deviam ser assistidos, educados nos princípios do socialismo, auxiliados na conquista de seus direitos civis e políticos e integrados nas organizações sindicais, independentemente de sua raça ou origem. De outro lado, os chamados "sarracenos",[107] importados pela classe capitalista para

---

106 São "as companhias de navegação ou de ferrovias, especuladores de terras e outros promotores capitalistas que, através de informações falsas e de promessas falaciosas, atraem numerosos operários aos países novos." Rapport et résolution du Socialist party des Etats-Unis. In: *Propositions et projets de résolutions du congrès socialiste international (Stuttgart, 18-24 août 1907)*, p. 168.

107 Nem todos os dicionários contemporâneos apresentam o sentido empregado pelos delegados da Internacional: " (1876, gíria typogr.). Operário que trabalha abaixo da tarifa sindical, que faz mercado negro". Paul Robert, *Le grand Robert de la langue française, dictionnaire alphabétique et analogique de la langue française*, Paris, Tome VIII, deuxième édition, 1989.

aumentar a concorrência entre os trabalhadores, diminuir seus salários e quebrar suas organizações. Eram desorganizados e "inorganizáveis" e sua importação deveria ser combatida por todos os meios.[108] A fim de afastar do partido estadunidense toda acusação de racismo, visto que os sindicatos dos EUA eram acusados de não aceitar asiáticos em suas fileiras, o Partido Socialista convidava os socialistas a "repelir todos os apelos aos preconceitos de raça, de nacionalidade e de religião que teriam sido feitos contra eles ou entre eles."[109] Todavia, o procedimento de identificação de uma ou outra categoria de emigrantes não era definido. Na realidade, durante o debate, o discurso daqueles que haviam formulado e defendido essa resolução desmentiu seu caráter universalista e democrático, estabelecendo uma associação estreita entre o trabalhador chinês ou japonês e o "sarraceno".

O Partido Operário Belga aderia à proposição do Partido Socialista estadunidense. Seu relatório[110] fazia uma distinção implícita entre os operários de origem europeia e os outros. Assim, o socialismo tinha o dever de "criar meios para evitar que os trabalhadores arrastados a uma vida menos custosa e menos preocupada com o respeito devido à dignidade do homem [sic] possam exercer

---

108 Rapport et résolution du Socialist party des Etats-Unis. In: *Propositions et projets de résolutions du Congrès socialiste international (Stuttgart, 18-24 août 1907)*, p. 167-170.

109 Rapport et résolution du Socialist party des Etats-Unis. In: *Propositions et projets de résolutions du Congrès socialiste international (Stuttgart, 18-24 août 1907)*, p. 170.

110 O relatório do Partido Operário Belga foi igualmente publicado pelo jornal *Le Socialiste*, 21-28 de julho de 1907, n° 116. Esta resolução foi adotada pela Federação dos Alpes-Marítimos (França).

uma influência desastrosa sobre a situação daqueles que souberam conquistar condições de existência mais elevadas."[111]

A delegação da Itália contribuiu para a discussão apresentando um relatório rico em dados estatísticos sobre a emigração e a política sindical e socialista nesse país. O texto, elaborado pela Confederação Geral do Trabalho da Itália, denunciava as organizações clericais que, associadas ao patronato, incitavam os operários ao "sarracinato", tornando-os "dóceis e submissos à lei divina".[112] Preocupados com as proporções da emigração, os socialistas italianos criaram escritórios cujo objetivo era prover assistência jurídica aos emigrados e convencê-los a filiar-se aos sindicatos dos países de destino. Aderiam, eles também, aos pontos fundamentais da moção apresentada pelo Partido Socialista estadunidense acrescentando apenas alguns adendos.

Uma terceira proposição foi apresentada pelo Bound.[113] Nesta, toda medida restritiva à emigração era considerada estéril e reacionária e o proletariado era convidado a "[repelir] com energia a política imprevidente de muitas organizações operárias que não possuem nenhuma consideração com os trabalhadores imigrantes e estabelecem uma diferença entre os trabalhadores das diversas

---

111 Relatório do cidadão Lux, em nome do Partido Operário Belga, com adendo. In: *Propositions et projets de résolutions du congrès socialiste international* (Stuttgart, 18-24 août 1907), p. 171.

112 A emigração e a imigração italiana e a política sindical e socialista da emigração. In: *Rappports soumis au Congrès socialiste international (Stuttgart, 18-24 août 1907)*, p. 99.

113 O *Bound* é a União Geral dos Operários israelitas da Lituânia, Polônia e Rússia.

raças e nacionalidades."[114] Para resolver o problema de consequências nefastas da imigração – tais como a concorrência, a disputa, o racismo etc. – os partidos socialistas e as organizações operárias deveriam lutar por melhores condições de vida e de trabalho para todos, assim como pelo direito de cidadania para os imigrantes.

Os três projetos de resolução foram postos em discussão.[115] A Comissão de Emigração e de Imigração foi presidida pelo austríaco Ellenbogen; o americano Morris Hillquit foi seu vice-presidente. Um delegado da Boêmia sugeriu que se fizesse a distinção entre a imigração de operários brancos e a de operários das raças amarela e negra. Alguns representantes da Austrália, dos Estados Unidos e da África do Sul insistiam sobre o perigo que os imigrantes de cor ofereciam à organização do movimento operário: "Os operários brancos imigrantes organizam-se facilmente, enquanto que os operários de cor são rebeldes à organização."[116] Morris Hillquit explicou que não se tratava de preconceito de raça, mas de luta de classes, que socialismo não podia ser confundido com sentimentalismo. De acordo com ele, a tese americana era a mais revolucionária, "pois é a única a assegurar o desenvolvimento do movimento operário, sem atrasá-lo."[117]

É interessante observar que Morris Hillquit procurava a todo preço recolocar a questão dentro de um contexto no qual as proposições

---

114 Projeto de resolução do Bound. In: *Congrès socialiste international (Stuttgart, 18-24 août 1907)*, p. 562.
115 O projeto argentino, o projeto estadunidense – apoiado pela delegação belga e pela delegação italiana – e o projeto do *Bound*.
116 Krömer (Austrália). In: *Congrès socialiste international (Stuttgart, 18-24 août 1907)*, p. 565.
117 Morris Hillquit (Etats-Unis). In: *Congrès socialiste international (Stuttgart, 18-24 août 1907)*, p. 568.

racistas – antissocialistas por excelência – tornavam-se progressistas e revolucionárias. Com esse objetivo, reforçava a terminologia socialista, de cunho marxista e os argumentos de ordem ideológica de combate ao sistema capitalista. No fundo, nesses discursos, a solidariedade socialista era suplantada por uma recusa em compartilhar com os "trabalhadores inferiorizados" um *standard of life* duramente conquistado pelas organizações sindicais.[118] Por outro lado, é preciso levar em conta que para os emigrantes europeus a integração aos movimentos sindicais e socialistas do país de imigração era muito mais fácil. Sobretudo se considerarmos que esses países tiveram uma colonização europeia. Possuindo modos, línguas e culturas muito distintas, os emigrantes asiáticos chocavam-se com obstáculos mais difíceis a superar e, além, disso, possuíam uma cultura política distinta daquela que era em certa medida compartilhada pela Europa, berço do movimento socialista.[119]

Se os enunciados de fundo racista abundavam, as vozes que se lhe opunham não deixaram de pronunciar-se. Um delegado francês afirmou que não se podia substituir a divisa "Proletários de todo o mundo uni-vos!" pela declaração "Proletários de todos os

---

118 O termo é empregado por Compère-Morel que, no entanto, posicionava-se contra a tese australiana da inorganisabilidade dos chineses e dos japoneses. Compère-Morel (França). In: *Congrès socialiste international (Stuttgart, 18-24 août 1907)*, p. 566.

119 O delegado japonês Kato nos dá uma descrição: "Nós, no Japão, não gozamos de nenhuma liberdade. Nosso movimento socialista data de apenas alguns anos. [...] Nós infelizmente não temos ainda organizações sindicais. Nossa população é tão pobre, tão pouco culta, e vocês não ignoram com qual facilidade o governo japonês dissolve as associações operárias." Kato (Japon). In: *Congrès socialiste international (Stuttgart, 18-24 août 1907)*, p. 709, 710.

países, expulsei-vos!".[120] O delegado do Japão argumentou que os imigrantes japoneses eram vítimas do capitalismo como os outros povos e negou que fizessem mais concorrência aos trabalhadores americanos do que os italianos ou eslovacos.[121] Outro, estadunidense, denunciou a resolução Hillquit, inspirada pelo corporativismo dos sindicatos americanos. Acrescentou que era possível organizar chineses e japoneses, pois "possuem mais cultura do que certas pessoas imaginam".[122] Mas foi um delegado italiano que fez um apelo mais explícito à luta sindical para resolver a questão da concorrência imposta pelos trabalhadores imigrados. A criação de sindicatos, a presença em assembleias operárias, era isso que podia ser feito para impedir que a mão de obra estrangeira prestasse serviços ao capitalismo internacional.[123]

C. O congresso de Stuttgart: resolução final

Os partidários de uma limitação do fluxo migratório eram numerosos.[124] Contudo, a proposição do Partido Socialista estadunidense

---

120 Uhry (França). In: *Congrès socialiste international (Stuttgart, 18-24 août 1907)*, p. 564.

121 Kato (Japão). In: *Congrès socialiste international (Stuttgart, 18-24 août 1907)*, p. 575, 576.

122 Hammer (Estados Unidos). In: *Congrès socialiste international (Stuttgart, 18-24 août 1907)*, p. 575, 576.

123 "Nosso país é particularmente interessado nessa questão, pois constata-se pelos dados oficiais que durante o ano de 1905, 720 mil operários, e no ano de 1906, 780 mil operários deixaram seu país." Valar (Itália). In: Congrès *socialiste international (Stuttgart, 18-24 août 1907)*, p. 578.

124 Contavam com o apoio de alemães como Paplow, que via na emigração de certos trabalhadores nada mais do que um instrumento capitalista.

foi rejeitada. Um comitê especial reuniu-se para redigir um novo texto, que foi em seguida submetido aos delegados. A resolução aprovada recusava toda medida visando impedir a emigração e a imigração, a livre circulação e, enfim, a exclusão de indivíduos de nacionalidade ou de raça estrangeira. Porém declarava igualmente que era preciso impedir a importação ou exportação de "sarracenos" e reconhecia "as dificuldades criadas em muitos casos ao proletariado pela imigração em massa de operários desorganizados, habituados a um nível de vida inferior e originários, principalmente de países agrários ou com economia familiar."[125] As medidas preconizadas eram distintas para os países de imigração e para os países de emigração. Nos primeiros era necessário: combater a importação ou exportação de operários com contratos fixos; facilitar a naturalização e a aquisição de direitos sociais, políticos e econômicos aos imigrantes. Nos segundos, era preciso: fazer uma propaganda sindical ativa; informar os emigrantes sobre as verdadeiras condições de vida nos países de imigração; vigiar as agências de navegação e os escritórios de emigração para evitar que os trabalhadores fossem vítimas das escroquerias das empresas capitalistas. Para os sindicatos dos dois tipos de países: acesso sem restrição aos operários imigrantes nas organizações sindicais, passagem gratuita de uma organização nacional a outra, acordo entre os sindicatos para chegar a uma ação comum a respeito da emigração e da imigração. O

Paplow (Alemanha). In: Congrès *socialiste international (Stuttgart, 18-24 août 1907)*, p. 583.

125 Projet de résolution de la Commission. In: *Congrès socialiste international (Stuttgart, 18-24 août 1907)*, p. 585.

BSI foi encarregado de preparar uma regulamentação internacional sobre as condições de transporte dos emigrantes.[126]

Os esforços de conciliação das diversas tendências são muito claras, o que torna a resolução final ambígua no tocante à discriminação dos trabalhadores de determinadas origens. Se não se podia mais recusar o ingresso nas organizações sindicais e socialistas de imigrantes vindos de certo país, podia-se ainda argumentar que se tratava de "sarracenos". Tal fato não escapa ao relatório, como nota o austríaco Ellenbogen: "Concedo que a resolução seja um tanto ponderada. Mas um congresso socialista não é destinado a escrever romances. A conjuntura é complicada e a expressão dessa situação deve sê-la também. Peço-lhes portanto para aceitarem por unanimidade a resolução que lhes submetemos que se move sobre a média das ideias representadas dentro da comissão."[127] A resolução foi unanimemente aprovada.[128] A unidade do movimento socialista internacional, neste caso, era mais importante do que as disputas que opunham os trabalhadores locais e os imigrantes.[129]

---

126 Projet de résolution de la Commission. In: Congrès *socialiste international (Stuttgart, 18-24 août 1907)*, p. 585-587.

127 Emigration et Immigration. In: Congrès *socialiste international (Stuttgart, 18-24 août 1907)*, p. 706.

128 Salvo pela delegação inglesa, que quis abster-se para protestar contra o encerramento da discussão, visto que havia ainda delegados inscritos que queriam pronunciar-se sobre o tema. "Emigration et Immigration". In: Congrès *socialiste international (Stuttgart, 18-24 août 1907)*, p. 714.

129 "A maioria da classe operária australiana é adversária da imigração de operários de cor. Pessoalmente, como socialista, reconheço o dever da solidariedade internacional, e espero que no futuro, todos os povos da terra sejam ganhos para as ideias do socialismo" Kroemer (Austrália). In: Congrès *socialiste international (Stuttgart, 18-24 août 1907)*, p. 711.

No congresso de Copenhague, ocorrido em agosto-setembro de 1910, o tema foi abordado apenas por uma pequena nota do partido inglês que reivindicava que a questão fosse retomada, em vista das medidas de exclusão contra os asiáticos tomadas nos Estados Unidos e nas colônias britânicas.[130] A nota demonstra que por mais importante que a Internacional fosse, havia uma longa distância a percorrer entre as resoluções e a ação. A questão mantivera-se congelada desde o congresso de Stuttgart. Os socialistas possuíam outras preocupações...

---

130 *Congrès socialiste international (Copenhague, 28 août – 3 septembre 1910)*, p. 39.

II. O socialismo no Brasil

No final do século XIX, o Brasil viveu mudanças extremamente importantes: a abolição da escravidão (13 de maio 1888), a proclamação da República (15 de novembro de 1889) e a formação das primeiras indústrias. A doutrina socialista, já conhecida por certos intelectuais, leitores de Charles Fourier e Saint-Simon,[1] foi reforçada pela chegada dos imigrantes europeus – vindos ao Brasil para substituir a mão de obra de ex-escravos – que trouxeram consigo ideais e estratégias de luta do movimento operário de seus países.

A difusão dos ideais socialistas no Brasil enfrentou obstáculos consideráveis: a forte repressão governamental no período da constituição da República; as dificuldades colocadas pelo sistema eleitoral a uma representação política dos socialistas, pois a maior parte da população era excluída desse sistema;[2] os conflitos que opunham os imigrantes das diversas nacionalidades entre eles ou os imigran-

---

1 "O primeiro movimento socialista, laico no Brasil, apareceu em Pernambuco, nos meados do século XIX, como repercussão do Socialismo francês pré-marxista, ou 'utópico', de Saint-Simon, Cabet, Fourier, Louis Blanc, Proudhon, Leroux, e do Cristianismo social de Lammenais e Lacordaire." CHACON, Vamireh. *História das ideias socialistas no Brasil*, Civilização Brasileira, Rio de Janeiro, 1965, p. 14.
2 O direito de votar era restrito a 4,1 % da população adulta. Segundo a Constituição promulgada no dia 24 de fevereiro de 1891, os menores de 21 anos, os analfabetos (65 % da população), as mulheres (48,8 % da população), os mendigos, os soldados e os religiosos em regime de claustro estavam excluídos do processo eleitoral. JOFFILY, BERNARDO.

tes aos brasileiros; a concorrência com os anarquistas no seio do movimento operário; a falta de experiência de luta de uma classe operária que estava se constituindo diante de uma outra, igualmente nova, dos proprietários de indústrias.

4. Os imigrantes e as "novas ideias"

A imigração no Brasil começou em 1820, mas apenas atingiu um fluxo significativo após 1880, quando uma política mais ativa foi posta em prática pelos produtores de café de São Paulo para atrair e acolher a mão de obra imigrante.[3] Os imigrantes desempenharam um papel importante na primeira fase de industrialização do Brasil, pois expandiram o mercado consumidor e constituíram uma grande parte da força de trabalho. Trouxeram, assim, uma contribuição significativa ao movimento operário nascente, pondo em prática as estratégias de luta aprendidas em seu país natal.

A. O governo de São Paulo e a imigração

A partir de 1876 o governo de São Paulo – representante dos grandes proprietários cafeicultores – organizou seu serviço de imigração: enviou agentes à Europa, dispôs de subsídios para pagar

---

Brasil: 500 anos (Atlas Histórico do Brasil), Editora Três, São Paulo, 1998, p. 91.

3 JOFFILY, BERNARDO. *Brasil: 500 anos (Atlas Histórico do Brasil)*, p. 81. "O império não alcançou êxito em seu intento de promover a imigração livre em grande escala, a não ser entre 1880 e 1889, quando entraram no Brasil cerca de 450.000 europeus, um número superior a toda imigração livre anterior." CERVO, Amado e BUENO, Clodoaldo. *História da política exterior do Brasil*, Ática, São Paulo, 1992, p. 75.

as passagens da viagem, constituiu a Hospedaria dos Imigrantes,[4] distribuiu os recém-chegados entre as plantações de café. Graças a esse esforço, a maioria dos imigrantes dirigiu-se a esse estado, seja no interior, para trabalhar nas plantações de café, seja nas cidades, contribuindo para aumentar o contingente de trabalhadores da indústria nascente.[5]

Em 1886, proprietários de terras e banqueiros criaram a Sociedade Promotora da Colonização, cujo objetivo era recrutar, transportar e distribuir a mão de obra imigrante.[6] A sociedade manteve-se ativa até 1895, quando o secretário de Agricultura do estado de São Paulo assumiu uma parte de seu programa. A política de imigração conduzida pelo estado foi um sucesso: "De 1889 ao início do século seguinte, chegaram quase 750.000 estrangeiros a São Paulo, dos quais 80 por cento eram subsidiados pelo governo. [...]

---

[4] A Hospedaria começou a acolher imigrantes a partir de julho de 1887. Era localizada no ponto de junção das estradas de ferro que levavam do Rio de Janeiro até Santos (São Paulo) e tinha a capacidade de abrigar 4 mil pessoas. HOLLOWAY, Thomas H. *Imigrantes para o café (1886-1934)*, Paz e Terra, 1984, p. 63.

[5] "A imigração far-se-á por iniciativa das províncias, de sociedades de colonização e de companhias particulares, às quais prestava o governo central seu apoio moral, parcos subsídios e o empenho da diplomacia." CERVO, Amado e BUENO, Clodoaldo. *História da política exterior do Brasil*, p. 75.

[6] Uma das primeiras realizações dessa sociedade foi a publicação de um folheto destinado a mostrar aos estrangeiros as vantagens que São Paulo oferecia. 80 mil cópias foram impressas em português, em italiano e em alemão. Em agosto de 1895, o estado de São Paulo abriu um escritório de imigração em Gênova (Itália), o principal porto de embarque dos italianos para São Paulo. Em dezembro de 1896, outro escritório foi instalado em Málaga (Espanha) e, em 1897, em Nápoles (Itália). HOLLOWAY, Thomas H. *Imigrantes para o café (1886-1934)*, p. 65, 68.

A imigração para São Paulo representou, sozinha, 56 por cento dos 4.100.000 imigrantes que entraram no Brasil de 1886 a 1934."[7]

Aos esforços feitos para atrair mão de obra imigrante opunha-se a propaganda negativa dos imigrantes italianos que retornaram a seu país. Estes denunciavam aos funcionários de seu governo as más condições de vida a São Paulo. A tal ponto, que as autoridades italianas distribuíram uma circular desaconselhando a imigração para o Brasil. O governo italiano decretou uma interrupção do recrutamento com transporte financiado de março a julho de 1891, após ter recebido relatórios relativos à inadequação das instalações que acolhiam milhares de imigrantes que chegavam ao Brasil a cada semana.[8] O governo francês foi mais duro, proibindo a imigração francesa para o Brasil a partir de 1875 e renovando a lei em 1886 e em 1890.[9]

Assim, a diplomacia brasileira, cuja missão consistia em facilitar o recrutamento da mão de obra estrangeira, teve de enfrentar múltiplos obstáculos: a imagem nociva de um país escravagista, o gênero de atividade ao qual se destinava o imigrante, a concorrência com as companhias responsáveis pela imigração em direção aos Estados Unidos e às colônias europeias, as investigações dos agentes oficiais dos governos europeus sobre as condições de vida dos imigrantes no Brasil, a proibição da imigração para o Brasil, as denúncias dos imigrantes que voltavam a seus países.[10]

---

7   HOLLOWAY, Thomas H. *Imigrantes para o café (1886-1934)*, p. 68.
8   HOLLOWAY, Thomas H. *Imigrantes para o café (1886-1934)*, p. 72.
9   A primeira circular proibindo a emigração em direção ao Brasil data de 31 de agosto de 1872 e as seguintes de 16 de janeiro de 1886 e 20 de setembro de 1890. Esta informação me foi gentilmente cedida pelo professor Denis Rolland.
10 CERVO, Amado e BUENO, Clodoaldo. *História da política exterior do Brasil*, p. 76.

Outro problema ao qual os promotores da imigração se viram confrontados foi o abuso dos agentes independentes de recrutamento de mão de obra na Europa. Especuladores transportavam tantas pessoas quanto pudessem, a fim de aumentar seu próprio lucro – os recrutadores recebiam um valor fixo por cada pessoa enviada – e utilizavam falsas promessas para convencer seus concidadãos a imigrar. "Entre as centenas de milhares de imigrantes trazidos depois de 1886, alguns protestaram abertamente contra as condições de superlotação e falta de higiene reinante nos navios, no porto de Santos ou na hospedaria de São Paulo."[11] As autoridades brasileiras consideravam os autores de tais críticas como anarquistas ou grevistas. Para proteger-se desses indivíduos, o governo brasileiro garantiu a inclusão no contrato com as companhias de navegação uma cláusula que previa o repatriamento dos imigrantes suspeitos de anarquismo, tomando o cuidado de frisar que os custos seriam pagos pela companhia.

Os imigrantes eram, em sua maioria, italianos, portugueses e espanhóis.[12] A Itália, cujo setor industrial e, particularmente, o setor agrícola haviam atravessado uma depressão entre os anos de 1880 e 1896, forneceu o contingente mais significativo de imigrantes para

---

11 HOLLOWAY, Thomas H. Imigrantes para o café (1886-1934), p. 80.
12 Mas também alemães, russos, sírios e, a partir de 1907, japoneses. Os italianos instalaram-se em grande número no estado de São Paulo, no Rio de Janeiro e no sul do país: Paraná, Santa Catarina e Rio Grande do Sul. Os portugueses concentraram-se em São Paulo e no Rio de Janeiro. Os espanhóis permaneceram em São Paulo e no Rio de Janeiro. Alguns alemães também ficaram nesses dois estados, mas um número importante se dirigiu ao Espírito Santo, ao Paraná, à Santa Catarina e ao Rio Grande do Sul. JOFFILY, BERNARDO. Brasil: 500 anos (Atlas Histórico do Brasil), p. 81.

o Brasil. De 1887 a 1900, a imigração italiana representou 73% da imigração total.[13] Nem todos os imigrantes permaneceram em terra brasileira. Um número considerável retornou ao país de origem ou partiu à busca de outros países, devido às más condições de trabalho, aos desentendimentos com os proprietários rurais, aos problemas de adaptação.[14]

B. Os imigrantes nas cidades: excesso de mão de obra e conflitos étnicos

Embora os imigrantes se dirigissem ao Brasil para trabalhar em plantações de café, constata-se uma grande mobilidade geográfica. Alguns trabalhadores circulavam de uma zona de plantação de café a outra, outros abandonavam a região rural e iam habitar nas cidades, trabalhando na indústria nascente. A migração em direção às cidades estava intimamente associada às fases de depressão do setor cafeeiro, à dificuldade dos trabalhadores rurais em adquirir pequenos terrenos para trabalhar independentemente e às péssimas condições de vida e de trabalho no campo. O setor cafeeiro teve, portanto, um papel decisivo no que diz respeito à oferta de mão de obra urbana, seja atraindo e financiando a vinda de estrangeiros, seja expulsando em momentos de crise uma grande quantidade de trabalhadores que iam procurar em outros lugares melhores condições

---

13 HOLLOWAY, Thomas H. Imigrantes para o café (1886-1934), p. 71.
14 Em 1903, 1904 e 1907, o número de partidas foi maior do que o de chegadas. Cf. Roberto Simonsen *apud* CARONE, Edgar. *A República Velha (I – instituições e classes sociais 1889-1930)*, Bertrand Brasil, Rio de Janeiro, 5ª ed., 1988, p. 14.

de sobrevivência.[15] Essas mudanças afetaram o país inteiro,[16] mas São Paulo e Rio de Janeiro foram particularmente influenciados. Foi nessas cidades que se criaram as condições que favoreceram a emergência da indústria e, consequentemente, do movimento operário.[17] São Paulo e Rio de Janeiro concentravam as grandes zonas cafeeiras e o movimento comercial criado pela economia do café; além disso, o Rio de Janeiro[18] era a capital da República.[19]

A cidade de São Paulo, a partir de 1890, cresceu num ritmo acelerado, definindo-se como o grande mercado distribuidor de produtos e de mão de obra do país e concentrando cada vez mais capital

---

15 FAUSTO, Boris. *Trabalho urbano e conflito social*, Difel, Rio de Janeiro, 1977, p. 24, 25.

16 O número de imigrantes que se dirigiu a outros estados, ainda que inferior, foi significativo. Espírito Santo, Paraná, Santa Catarina e Rio Grande do Sul foram as destinações mais frequentes. Os imigrantes, nesses estados, trabalhavam em pequenas propriedades, fundando colônias dentro das quais os costumes e a língua do país de origem eram mantidos. JOFFILY, BERNARDO. *Brasil: 500 anos (Atlas Histórico do Brasil)*, p. 81.

17 "Geograficamente, a indústria se concentra na zona Centro-Sul do país: a existência de um mercado consumidor mais denso, as facilidades de transporte e a abundância de energia elétrica explicam tal desenvolvimento." CARONE, Edgar. *A República Velha (I – instituições e classes sociais 1889-1930)*, p. 76.

18 No Rio de Janeiro, o desenvolvimento urbano precedeu a industrialização, pois a cidade era a capital da República, seu centro comercial, político, administrativo e cultural. GOES, Conceição. *A formação da classe trabalhadora e do movimento anarquista no Rio de Janeiro (1888-1911)*, Jorge Zahar, Rio de Janeiro, 1988, p. 14.

19 FAUSTO, Boris. *Trabalho urbano e conflito social*, p. 13. Ver, igualmente, MARAM, Sheldon Leslie. *Anarquistas, imigrantes e movimento operário brasileiro (1890-1920)*, p. 11. (A maior parte da bibliografia à qual tive acesso aborda esses dois estados.)

industrial:[20] de 1890 a 1900, a população aumentou em 270%; de 1900 a 1920, em 141%.[21] A presença de trabalhadores estrangeiros era majoritária, tanto nos setores industriais, quanto no de serviços.[22] No Rio de Janeiro a presença estrangeira era igualmente considerável, ainda que menos significativa, pois a capital da República possuía uma população mais heterogênea, composta por imigrantes, migrantes rurais e ex-escravos.

O desenvolvimento da economia do café contribuiu de forma decisiva para a formação de um núcleo de trabalhadores no setor de serviços e no da indústria, que se concentrava em algumas cidades. O excedente de capital, obtido a partir da produção de café, foi largamente investido na amplificação e modernização dos serviços portuários e dos sistemas de transporte, com o intuito de interligar as regiões produtoras de café e os centros exportadores. A capital da República concentrava então o movimento comercial de uma vasta região cafeeira. Seu porto e o de Santos (SP) foram os dois principais pontos de escoamento de produtos para o exterior.[23]

Pouco a pouco se esboçava, em torno da economia cafeeira, a formação de um núcleo de burguesia industrial, de comércio urbano, de setor bancário e de setor de importação. A imigração foi igualmente um fator fundamental da primeira fase de industrialização do país: contribuiu a ampliar o mercado de trabalho, no que concerne à oferta abundante de mão de obra, e ao consumo; deu também um grande

---

20 Fausto, Boris. *Trabalho urbano e conflito social*, p. 16.
21 Holloway, Thomas H. *Imigrantes para o café (1886-1934)*, p. 107.
22 Fausto, Boris. *Trabalho urbano e conflito social*, p. 29.
23 O Rio de Janeiro concentrou também o maior número de operários no país até 1920, quando São Paulo toma sua frente. Fausto, Boris. *Trabalho urbano e conflito social*, p. 13, 14.

impulso ao desenvolvimento da cidade de São Paulo, onde surgiram, nas primeiras décadas do século XIX, os primeiros bairros operários, que reuniam as indústrias e seus empregados.[24]

As disputas que opunham os imigrantes de diversas nacionalidades entre si e aquelas que antagonizavam os imigrantes e os brasileiros eram frequentes.[25] Um dos fatores que contribuía para a intensificação desse problema foi o excedente de mão de obra. Segundo Holloway, é muito provável que a oferta de trabalho na zona cafeeira tenha excedido a demanda de braços desde o início do período da imigração massiva: "[...] o serviço de imigração e trabalho de São Paulo supriu o planalto ocidental com muito mais trabalhadores do que os necessários para atender ao crescimento da lavoura cafeeira. Durante a estagnada primeira década deste século [XX], foram fornecidos quase dez vezes mais trabalhadores do que os reclamados pela expansão de café."[26] Desse "excesso humano", uma grande parte dirigiu-se aos centros urbanos. A abundância de mão de obra nas cidades contribuiu para a redução dos salários e a diminuição das possibilidades de sucesso das mobilizações operárias, pois os trabalhadores podiam facilmente ser substituídos.[27] Essa situação provocava também uma grande circulação dos trabalhadores dentro do mercado de trabalho, o que dificultava aos

---

24 "Em meados da última década do século XIX, a cidade de São Paulo contava com 121 estabelecimentos que se utilizavam de energia mecânica, dos quais 52 eram realmente industriais." FAUSTO, Boris. *Trabalho urbano e conflito social*, p. 18.

25 MARAM, Sheldon Leslie. *Anarquistas, imigrantes e movimento operário brasileiro (1890-1920)*, Paz e Terra, Rio de Janeiro, 1979, p. 30.

26 HOLLOWAY, Thomas H. *Imigrantes para o café (1886-1934)*, p. 106.

27 FAUSTO, Boris. *Trabalho urbano e conflito social*, p. 28.

sindicatos sua organização em entidades representativas, visto que representavam uma massa de operários muito instável.

No Rio de Janeiro e sobretudo em São Paulo, onde as possibilidades de ascensão social eram maiores, o imigrante tornou-se o principal suporte da força de trabalho, ao passo que o trabalhador nacional ocupou postos subalternos. O trabalhador brasileiro era, na maior parte dos casos, analfabeto e encontrava-se em uma situação cultural inferior à do imigrante.[28] Aos ex-escravos eram reservados os trabalhos mais pesados, seja nas grandes plantações de café, seja nas cidades – onde trabalhavam como carregadores de sacos no porto, como carregadores de pedras ou formavam a massa de desocupados.[29]

Os trabalhadores nacionais indispunham-se com seus colegas estrangeiros porque estes tomavam os melhores postos de trabalho. Por outro lado, o trabalhador nacional era frequentemente empregado no lugar do trabalhador estrangeiro quando este fazia greve. Em um contexto de oferta abundante de mão de obra, a greve do trabalhador europeu significava, para o operário brasileiro, uma oportunidade de encontrar um trabalho, ao mesmo tempo em que para o imigrante isso podia significar o fracasso da greve. Esses conflitos "fizeram abortar muitas tentativas de organização, e ocasionaram o declínio de muitos sindicatos."[30] As disputas eram igualmente numerosas devido às dificuldades de ordem linguística e dos

---

28 DIAS, Everardo. *História das lutas sociais no Brasil*, Alfa-Ômega, São Paulo, 2ª ed., 1977, p. 322.

29 GOES, Conceição. *A formação da classe trabalhadora e do movimento anarquista no Rio de Janeiro (1888-1911)*, p. 32.

30 MARAM, Sheldon Leslie. *Anarquistas, imigrantes e movimento operário brasileiro (1890-1920)*, p. 31.

preconceitos culturais que uns nutriam contra os outros.[31] Todavia, ainda que a língua, os costumes, a cultura de cada grupo acentuasse suas particularidades em relação aos outros grupos de estrangeiros e aos brasileiros, a questão central das disputas situava-se na concorrência por uma colocação no mercado de trabalho.

C. Os imigrantes e o movimento operário

A atitude inicial do imigrante não favoreceu a organização do movimento operário no Brasil. Boa parte deles pretendia melhorar sua situação econômica e retornar a seu país. O objetivo não era o de construiu uma nova vida em um novo país, mas acumular certa soma de dinheiro para poder levar uma vida confortável no país de origem:[32] "[...] independentemente da origem rural ou urbana do imigrante pobre, o que caracterizava sua conduta era o projeto da ascensão através do esforço individual."[33] O reduzido número de demandas de obtenção da nacionalidade brasileira o atesta.[34] Ademais, integrar o movimento operário significava, para o imigrante, assumir o risco de ser preso, perder seu emprego, ser expulso do Brasil

---

31 Um bom exemplo é o desprezo que os italianos nutriam pelos portugueses, considerados como fura-greves. MARAM, Sheldon Leslie. *Anarquistas, imigrantes e movimento operário brasileiro (1890-1920)*, p. 31, 32.

32 MARAM, Sheldon Leslie. *Anarquistas, imigrantes e movimento operário brasileiro (1890-1920)*, p. 33.

33 Cf. Fernando Henrique Cardoso *apud* FAUSTO, Boris. *Trabalho urbano e conflito social*, p. 32.

34 "Pelo censo de 1920, somente 6.441 dos 444.374 estrangeiros nas cidades de São Paulo e Rio de Janeiro adotaram a cidadania brasileira." MARAM, Sheldon Leslie. *Anarquistas, imigrantes e movimento operário brasileiro (1890-1920)*, p. 33.

e retornar ao país de origem sem nenhum capital, reencontrando as condições de vida difíceis às quais tinha desejado escapar.

Alguns imigrantes, dominando técnicas mais especializadas, puderam tornar-se proprietários de pequenas oficinas e até de indústrias, mas constituíram um grupo relativamente reduzido. O projeto de ascensão do imigrante médio foi progressivamente sendo frustrado e ele integrou-se à classe trabalhadora como salariado. Assim, "[...] os primeiros movimentos reivindicatórios envolvendo operários não qualificados ganharam impulso a partir da contradição entre as aspirações destes operários como imigrantes e a realidade de suas condições de vida e de trabalho."[35] Desse modo, a identidade nacional foi aos poucos cedendo espaço para a identidade de classe.[36]

---

35 FAUSTO, Boris. *Trabalho urbano e conflito social*, p. 32.
36 FAUSTO, Boris. *Trabalho urbano e conflito social*, p. 33. Maram apresenta os conflitos inter-raciais como um dos fatores do fracasso da primeira fase do movimento operário no Brasil: "A consciência do trabalhador imigrante, as divisões étnicas da classe operária e a vulnerabilidade do trabalho organizado às deportações e as campanhas xenofóbicas do governo – todos esses fatores, com raízes na base imigrante do proletariado, retardaram o desenvolvimento do movimento operário brasileiro e eventualmente contribuíram a sua destruição." MARAM, Sheldon Leslie. *Anarquistas, imigrantes e movimento operário brasileiro (1890-1920)*, p. 162. Boris Fausto opõe-se a essa visão dos fatos: "Sem subestimar o papel das divisões nacionais como elemento limitador da organização da classe operária, não penso entretanto que se deva privilegiá-lo em demasia. A condição do assalariado tendeu a predominar sobre a de estrangeiro, tanto no interior de cada grupo como em seu inter-relacionamento." FAUSTO, Boris. *Trabalho urbano e conflito social*, p. 37. Tendo a concordar com o segundo autor, que inclusive lembra que as expressões de solidariedade foram abundantes em diversas situações.

A imigração teve uma enorme importância no que tange a difusão de ideologias contrárias ao sistema em vigor no Brasil, de críticas radicais ao *status quo* e de novos modelos de organização.[37] O trabalhador imigrante ocupava amiúde postos de trabalho que exigiam certa qualificação profissional, o que facilitava sua participação nos sindicatos, graças à importância estratégica das funções exercidas. Dessa forma, os imigrantes dominaram os sindicatos mais importantes e mais influentes da capital e de São Paulo e compuseram a maioria da liderança do movimento operário: "Esses homens constituíram o corpo de organizadores do movimento na década de 1890 e começo do século XX. Trabalhando muitas vezes em suas próprias comunidades étnicas, espalhavam os ideais e táticas dos movimentos operários europeus."[38] Muitos deles haviam participado dos sindicatos operários e de greves em seus países, ao passo que o trabalhador nacional não possuía nenhuma experiência desse gênero de organização.[39]

Diante da participação dos imigrantes no movimento sindical o governo brasileiro resolveu tomar medidas legislativas severas para expulsar do país os indivíduos mais ativos, procurando evitar sua influência sobre a classe operária. A oligarquia cafeeira e a burguesia industrial nascente estavam dispostas a assimilar o imigrante como força de trabalho, mas não admitiam sua interferência no terreno fechado das decisões políticas.[40] A partir de 1890, as expulsões

---

37 FAUSTO, Boris. *Trabalho urbano e conflito social*, p. 32.
38 MARAM, Sheldon Leslie. *Anarquistas, imigrantes e movimento operário brasileiro (1890-1920)*, p. 30.
39 DIAS, Everardo. *História das lutas sociais no Brasil*, p. 321, 322.
40 FAUSTO, Boris. *Trabalho urbano e conflito social*, p. 247.

de estrangeiros puderam ser efetuadas mediante decretos especiais ou poderes concedidos ao governo pelo código penal. As greves de 1906 convenceram o Congresso sobre a urgência de um instrumento mais eficaz contra as lideranças estrangeiras. Em 1907 foi aprovada a lei Adolfo Gordo, que previa a expulsão de indivíduos que supostamente punham em perigo a ordem pública ou a segurança nacional.[41] Essa lei não se aplicava aos cidadãos que tivessem residência contínua no Brasil há dois anos ou menos de dois anos para aqueles cujas esposas eram brasileiras, ou para os viúvos cujos filhos tinham nascido no Brasil. O procedimento era simples: os governadores dos estados enviavam demandas de expulsão ao governo federal, acompanhadas de um relatório policial que provasse as atividades nocivas do acusado,[42] Na realidade, uma denúncia era suficiente para iniciar o procedimento e a informação policial servia como prova.[43] Aprovada a demanda, os estrangeiros eram extraditados para seus países. Se o estrangeiro, uma vez expulso, retornasse ao Brasil, corria o risco de ser condenado a uma pena que poderia chegar a três anos de prisão.

A segunda onda de greves ocorrida em 1912 provocou, no ano seguinte, a revogação de todas as isenções presentes na lei de 1907 e o estrangeiro não podia mais recorrer à sentença. Porém a lei de expulsão dos estrangeiros, tal qual havia sido formulada em 1913, entrava em conflito com o artigo número 72 da Constituição, que

---

41 "Na maioria dos casos envolvendo operários, a simples tentativa de organizar os trabalhadores, ou mesmo de liderar ou participar ativamente nas greves, poderia ser considerada crime." MARAM, Sheldon Leslie. *Anarquistas, imigrantes e movimento operário brasileiro (1890-1920)*, p. 40, 41.

42 FAUSTO, Boris. *Trabalho urbano e conflito social*, p. 234.

43 DIAS, Everardo. *História das lutas sociais no Brasil*, p. 56.

assegurava uma série de direitos aos estrangeiros.[44] O Supremo Tribunal Federal considerou portanto inconstitucional a segunda lei Adolfo Gordo e reassegurou o direito dos residentes no Brasil sem, contudo, definir seus critérios. Desde então as decisões do tribunal variaram em conformidade com as pressões políticas e sociais do momento até 1921, quando uma nova lei, mais severa, foi aprovada, ampliando os critérios de expulsão.[45]

A despeito das leis de expulsão e de outras medidas repressivas, os imigrantes organizaram-se. Criaram núcleos socialistas ou anarquistas, comemoraram as datas que representavam vitórias do movimento operário em seus países ou no mundo, prepararam festivais beneficentes seguidos de conferências políticas, organizaram coletas de dinheiro para financiar a publicação de boletins, redigiram jornais, muitas vezes em várias línguas (italiano, espanhol, português), receberam publicações socialistas e anarquistas de seus países, que fizeram circular entre os simpatizantes do movimento operário.[46] Desse modo, tiveram uma participação bastante ativa nas organizações de trabalhadores e imprimiram sua marca na primeira fase do movimento operário.

---

44 FAUSTO, Boris. *Trabalho urbano e conflito social*, p. 235. O artigo nº 72 incluía, em seu segundo parágrafo, o texto "Todos são iguais perante a lei". CARONE, Edgar. *A República Velha (I – instituições e classes sociais 1889-1930)*, p. 239.

45 MARAM, Sheldon Leslie. *Anarquistas, imigrantes e movimento operário brasileiro (1890-1920)*, p. 41, 42.

46 DIAS, Everardo. *História das lutas sociais no Brasil*, p. 42.

5. O início do movimento operário

O início do movimento operário no Brasil foi marcado pela construção de uma identidade social dos trabalhadores, que começavam a se perceber como uma classe distinta de outras, com seus interesses e reivindicações próprias. Foi igualmente o momento no qual ocorreram os primeiros choques entre os trabalhadores e a classe dominante, constituída pela oligarquia rural e pela nova burguesia industrial. Dentro desse quadro da República que acabava de ser proclamada, a classe operária lutou para se fazer reconhecer como um dos atores coletivos legítimos do cenário político nacional.[47] A instauração da República e o centenário da Revolução Francesa, tornaram inevitável o paralelo entre a República francesa e aquela que acabava de ser proclamada, lançando entre as diversas tendências do movimento operário a esperança de ver conquistada uma série de novos direitos.[48] Porém o sistema político tomou outros rumos.

À proclamação da República seguiu-se um período de definição dos contornos do novo sistema, durante o qual os grupos que participavam do movimento republicano rivalizaram querendo,

---

47 GOMES, Angela de Castro. *A invenção do trabalhismo*, Vértice/IUPERJ, Rio de Janeiro, 1988, p. 16.

48 Segundo Claudio Batalha, os republicanos brasileiros queriam que a República "fosse proclamada no dia carregado de simbolismo que representava o 14 de julho, mas o golpe de estado militar que tornou possível seu nascimento ocorreu apenas alguns meses mais tarde". BATALHA, Claudio. L'image de la Révolution française dans le mouvement ouvrier brésilien à l'aube du XIXe siècle. In: *L'image de la Révolution française*, vol. III, Pergamon Press, Paris-Oxford, 1989, p. 1622. No dia 14 de julho os franceses comemoram sua festa nacional, celebrando a queda da Bastilha, grande símbolo da Revolução Francesa de 1789.

cada um, impor suas próprias posições sobre os demais e assumir o poder.[49] Entre 1892 e 1904 duas forças, *grosso modo*, disputavam a supremacia na República: de um lado, aqueles que queriam um governo forte e centralizado, orientado para o progresso da indústria e do comércio nacional, além de relativamente aberto a uma participação ordenada e controlada do trabalhador.[50] Do outro lado, aqueles que defendiam um projeto de República liberal, federalista, rural e excludente.[51] Estes últimos assumiram o poder a partir do governo de Campos Salles, mas já haviam fortemente influenciado o texto da Constituição de 1891. A proclamação da República instaurou, portanto, um sistema político baseado no poder das oligarquias rurais, sem que nenhum espaço político tivesse sido reservado aos setores populares. Estes, apesar das dificuldades, organizaram-se pouco a pouco, procurando impor-se como força social.

A. O movimento operário organiza-se: primeiras associações, primeiras greves

Os primeiros militantes do movimento operário organizaram-se em centros de cultura, criando uma base de divulgação e de

---

49 GOMES, Angela de Castro. *A invenção do trabalhismo*, p. 35.

50 "O grande defensor dessa forma de República era o chamado movimento jacobino do Rio de Janeiro, com suas francas relações com o ideário positivista e com setores militares e intelectuais da capital federal. Sua atuação tanto militar quanto política foi marcante ao longo da década de 1890 e só se encerrou por volta de 1904." O fechamento da Escola militar e o fracasso da Revolta da Vacina foram sinais de sua derrota. GOMES, Angela de Castro. *A invenção do trabalhismo*, p. 58.

51 Tratava-se dos republicanos históricos de São Paulo, ao lado dos quais os conservadores e os monarquistas iriam se posicionar. GOMES, Angela de Castro. *A invenção do trabalhismo*, p. 58.

desenvolvimento de ideias socialistas e anarquistas. Esses grupos eram, em geral, compostos de imigrantes, particularmente de origem italiana, alemã e espanhola. Reuniam-se, inicialmente, de acordo com sua nacionalidade de origem. Transmitiam suas ideias por meio de jornais e de panfletos recebidos de seus países, publicavam materiais de propaganda em diversas línguas, organizavam piqueniques seguidos de conferências doutrinárias.[52] Era o início de um período marcado pela tentativa de reproduzir, no novo país, as bases que permitiram o crescimento do movimento de trabalhadores em seus próprios países.

A iniciativa de celebração do 1º de maio no Brasil remonta a 1894. No dia 15 de abril, em São Paulo, militantes socialistas e anarquistas reuniram-se para preparar a comemoração da data. Foram denunciados pelo cônsul italiano e detidos pela polícia. Os italianos foram transferidos para o Rio de Janeiro, onde permaneceram na prisão durante oito meses. Os brasileiros receberam castigos corporais e também foram presos.[53] No ano seguinte, a data foi comemorada pela primeira vez no Brasil pelos socialistas do Centro Socialista de Santos.[54]

---

52 Dias, Everardo. *História das lutas sociais no Brasil*, p. 42.
53 Dias, Everardo. *História das lutas sociais no Brasil*, p. 243. Na página 48, Everardo Dias situa esse episódio no a no de 1893.
54 Dulles, John W. F. *Anarquistas e comunistas no Brasil (1900-1935)*, Nova Fronteira, Rio de Janeiro, 1973, p. 22. Batalha situa a primeira celebração do 1º de maio em 1891, na sede de uma associação. Acrescenta que "A difusão e a consolidação do primeiro de maio no Brasil entre o final do século XIX e as primeiras décadas do século XX são surpreendentes, considerando a ausência de laços estreitos entre os grupos socialistas locais e a Internacional Socialista. Batalha, Claudio. La fête internationale du premier mai au Brésil (1891-1930): symboles et rituels. In: *Fourmies et les premiers mai (1891-1930)*, Editions de l'Atelier, Paris, 1994, p. 423.

A importância da comemoração do 1º de maio para o movimento operário residia no fato de a data representar a afirmação do papel da classe operária enquanto classe na sociedade.[55] O caráter dessa celebração era razão de disputas entre socialistas e anarquistas. Os socialistas e os reformistas viam esse dia como uma festa do trabalho e organizavam, paralelamente ao discurso militante, passeios, bailes e piqueniques. Os anarquistas criticavam essa conduta, argumentando que se tratava de um dia de luta e de reflexão para a classe operária, pois um evento trágico – o massacre dos trabalhadores em Chicago, em 1886 – estava na origem da data.[56]

Em agosto de 1903, a primeira greve interprofissional do Rio de Janeiro foi deflagrada, inicialmente pelos operários têxteis, em seguida pelos sapateiros, os trabalhadores das docas, os chapeleiros, entre outros. A desorganização do movimento – controlado por uma repressão policial eficiente e rápida – mostrou a necessidade de uma coordenação e, depois de alguns meses, foi criada Federação das Classes Operárias.[57] O movimento operário movia-se com extrema dificuldade. A maior parte dos sindicatos e das outras organizações operárias foram criadas após uma greve vitoriosa ou em consequência de esforços de um determinado grupo, e não como resultado da força de mobilização dos operários, o que tornava a existência dessas organizações bastante efêmera.[58]

---

55 Miguel Rodriguez (présentation), *le 1er Mai*, Gallimard, Paris, 1990, p. 9.
56 BATALHA, Claudio. La fête internationale du premier mai au Brésil (1891-1930): symboles et rituels. In: *Fourmies et les premiers mai (1891-1930)*, p. 424, 425.
57 MARAM, Sheldon Leslie. *Anarquistas, imigrantes e movimento operário brasileiro (1890-1920)*, p. 128.
58 FAUSTO, Boris. *Trabalho urbano e conflito social*, p. 120.

Em 1906 foi criada a Federação Operária do Rio de Janeiro (FORJ). Em abril do mesmo ano realizava-se, na capital do país, o primeiro congresso operário, no qual ficou decidida a fundação de uma Confederação Operária Brasileira (COB), a primeira organização sindical nacional do Brasil. Ainda que os anarquistas representassem uma força minoritária no congresso operário, conseguiram impor sua pauta – as resoluções finais rejeitavam a formação de partidos políticos, tão cara aos socialistas, e de associações de beneficência – e afirmaram-se, progressivamente, como força majoritária do movimento operário brasileiro.[59]

Nessa época, diversas modalidades de organizações de trabalhadores coexistiam: corporações, associações de auxílio mútuo, caixas beneficentes, ligas operárias, sindicatos, bolsas de trabalho.[60] Os

---

59 GOMES, Angela de Castro. *A invenção do trabalhismo*, p. 119
60 "As organizações proletárias obedecem a diversas modalidades, desde aquelas que se destinam ao auxílio mútuo até a defesa contra os inimigos da classe; porém, todas elas são simples transposições de suas congêneres europeias, coexistindo harmonicamente." CARONE, Edgar. *A República Velha (I – instituições e classes sociais 1889-1930)*, p. 196. Corporações: conjunto de operários de uma mesma empresa ou de toda uma categoria profissional. Associações de socorro mútuo: sociedades de ajuda material. Caixas beneficentes: frequentemente organizadas pelas próprias indústrias, as caixas retinham uma porcentagem dos salários dos empregados ou taxas cobradas com o fim de ajudar os trabalhadores doentes ou estabelecer programas de assistência social. Ligas operárias: associações de defesa de interesses imediatos e comuns, como o aumento dos salários. Sindicatos profissionais: associações por categoria ou conjunto de trabalhadores reunidos em função da etnia, do local de trabalho ou do setor econômico. Bolsas de trabalho: organizações paralelas aos sindicatos, muitas vezes reunindo vários deles, com o intuito de realizar pesquisas sobre o mercado de trabalho, a formação profissional etc. CARONE, Edgar. *A República Velha (I – instituições e classes sociais 1889-1930)*, p. 196, 197.

anarquistas opunham-se às sociedades de corporação, às associações de auxílio mútuo e às caixas beneficentes, que avaliavam como nocivas ao movimento operário porque faziam parte das técnicas sociais de conformação dos trabalhadores à sociedade de classes. Os socialistas, por outro lado, viam nessas associações uma maneira de melhorar as condições de vida e de contribuir para a conscientização dos grupos que as integravam, mas não as consideravam tão combativas quanto os sindicatos.[61] Apesar das divergências, os sindicalistas socialistas formaram ao lado dos anarquistas, as primeiras organizações sindicais importantes. Suas práticas dentro do movimento operário assemelhavam-se às dos anarco-sindicalistas[62] e essas duas correntes trabalharam conjuntamente durante as principais greves do período.[63]

Em 1905 foi fundada a Federação Operária de São Paulo (FOSP), reunindo ligas e uniões pouco representativas. A nova entidade teve uma participação em alguns movimentos, como a greve dos ferroviários da Companhia Paulista, em 1906 e a organização da greve geral pela jornada de oito horas de trabalho, em 1907, a greve até

---

61 CARONE, Edgar. *A República Velha (I – instituições e classes sociais 1889-1930)*, p. 198, 199.

62 O anarco-sindicalismo era uma das diversas correntes do anarquismo. De inspiração francesa, surgiu na década de 1890 e conferia uma grande importância ao sindicato como instrumento de luta e como núcleo da nova sociedade. FAUSTO, Boris. *Trabalho urbano e conflito social*, p. 66.

63 Estiveram lado a lado nas principais greves de São Paulo: a greve solidária de maio de 1906, a greve geral pela jornada de oito horas de trabalho, em 1907 e as greves gerais de junho de 1917 e de maio de 1919. MARAM, Sheldon Leslie. *Anarquistas, imigrantes e movimento operário brasileiro (1890-1920)*, p. 114.

então mais importante do estado de São Paulo.[64] No dia 14 de maio de 1906, os ferroviários da Companhia Paulista deflagraram "[...] a principal greve ferroviária do Estado, em toda a história da Primeira República."[65] Os trabalhadores protestavam contra as medidas de modernização adotadas pela companhia, como a instituição de três dias de descanso não pagos por mês – o que significava uma redução de 10% do salário – e a demissão de centenas de trabalhadores com a chegada de novas máquinas. Exigiam a dispensa do chefe de locomotiva da companhia, que personificava as últimas medidas adotadas, sendo muito impopular entre os trabalhadores, e a anulação da inscrição obrigatória à sociedade beneficente mantida pela empresa. As ligas operárias procuraram resolver a crise com a direção da companhia, que se recusou a discutir, ameaçando os grevistas de demissão. O chefe da polícia foi chamado a controlar a situação. A despeito da repressão policial, a greve crescia: trabalhadores das empresas de Campinas, Mac Hardy e Likgerwood aderiram ao movimento, assim como os da Mogiana. A Federação dos Operários entrou em cena e decretou uma greve geral na capital do estado em solidariedade aos ferroviários. O governador de São Paulo, Jorge Tibiriçá, temendo que a greve atingisse o porto de Santos, pediu a intervenção da força federal. A Federação Operária, a sede dos jornais *Avanti!* (socialista) e *La Battaglia* (anarquista) foi invadida pela polícia. A organização do movimento não conseguiu contornar a situação. No início de junho as principais lideranças foram demitidas

---

64 MARAM, Sheldon Leslie. *Anarquistas, imigrantes e movimento operário brasileiro (1890-1920)*, p. 90, 91.

65 FAUSTO, Boris. *Trabalho urbano e conflito social*, p. 135.

e os ferroviários retornaram ao trabalho sem ter conquistado nenhuma de suas reivindicações.[66]

Em maio de 1907 outra greve de grande importância foi deflagrada: uma greve geral que se concentrou em São Paulo, mas atingiu as cidades de Santos, Ribeirão Preto e Campinas. Dessa vez, à demanda de aumento de salário, acrescia-se a reivindicação pela jornada de oito horas de trabalho. A greve começou nos setores da construção civil, da indústria metalúrgica e da indústria alimentar, estendendo-se, alguns dias depois, aos gráficos, aos sapateiros, a uma parte dos empregados de serviços de limpeza pública e aos operários das indústrias têxteis. Algumas empresas atenderam às demandas: os empregados da construção civil e os operários gráficos retornaram ao trabalho. Ao final do mês, a greve concentrou-se em duas empresas metalúrgicas e nas indústrias têxteis. Nenhuma delas obteve sucesso. Nesse movimento, a distinção entre a pequena e a grande empresa foi posta em evidência: "De um lado, a disposição a conceder; de outro, a quase absoluta intransigência."[67] As pequenas manufaturas concederam a seus trabalhadores a jornada de oito horas de trabalho após alguns dias de mobilização. As grandes indústrias, ao contrário, endureceram-se, forçando seus operários a retornar ao trabalho sem nada ter obtido.[68]

A Confederação Operária Brasileira – cuja criação havia sido decidida dois anos antes, durante o primeiro congresso operário – foi constituída de fato apenas em 1908, representando catorze associações operárias do Rio de Janeiro, reunidas pela FORJ e doze

---

66 FAUSTO, Boris. *Trabalho urbano e conflito social*, p. 135-146.
67 FAUSTO, Boris. *Trabalho urbano e conflito social*, p. 148.
68 FAUSTO, Boris. *Trabalho urbano e conflito social*, p. 146-150.

associações de São Paulo, reunidas pela FOSP. A Confederação lançou o jornal *A Voz do Trabalhador*, publicado em julho de 1908.[69] Em 1921, desaparecia, para retornar em janeiro de 1913.[70] De 1908 a 1912, o movimento operário entrou em uma fase de declínio acentuado, resultado da repressão policial contínua, das expulsões para fora do país realizadas em massa, em 1907, após a greve geral e o aumento do desemprego urbano em 1908. Contudo, em setembro de 1908, os trabalhadores das docas de Santos deflagraram uma greve para a obtenção da jornada de oito horas de trabalho. Tratava-se de um setor estratégico para a economia do país, pois o escoamento da produção de café para o mercado exterior fazia-se por intermédio desse porto. A cidade foi invadida por tropas do Exército. Centenas de trabalhadores foram transferidos das plantações de café ao porto para manter sua atividade. Em setembro, a greve expandiu-se pela cidade, ocasionando confrontos entre os trabalhadores e as forças da polícia. Mais uma vez o movimento enfraqueceu-se após uma violenta repressão e a greve findou sem que as reivindicações trabalhistas tivessem sido acolhidas.[71]

De meados do ano 1911 a 1914, o nível de organização dos trabalhadores foi menos elevado do que nos anos precedentes e as mobilizações tiveram um caráter espontâneo.[72] O 1º de maio de 1912 foi celebrado em São Paulo em um contexto de protesto contra a carestia

---

69 DULLES, John W. F. *Anarquistas e comunistas no Brasil (1900-1935)*, p. 30.
70 CARONE, Edgar. *A República Velha (I – instituições e classes sociais 1889-1930)*, p. 206.
71 MARAM, Sheldon Leslie. *Anarquistas, imigrantes e movimento operário brasileiro (1890-1920)*, p. 129, 130.
72 FAUSTO, Boris. *Trabalho urbano e conflito social*, p. 133.

e de tentativa de reorganização das mobilizações operárias.[73] No final de abril e no início de maio foram deflagradas diversas greves em vários setores. Após alguns dias, a exemplo do que ocorrera em 1907, o movimento ficou restrito à indústria têxtil e aos sapateiros. Os sapateiros conquistaram algumas de suas reivindicações, mas os operários têxteis retornaram ao trabalho mais uma vez de mãos vazias.[74]

Em novembro de 1912, Mário da Fonseca, deputado e filho do marechal Hermes da Fonseca – presidente da República eleito em março de 1910 – organizou o quarto congresso operário,[75] arcando com as despesas de transporte dos delegados. Pretendia reunir as demandas dos trabalhadores e fazê-las chegar ao Parlamento. Apenas alguns sindicatos enviaram representantes, pois socialistas e anarquistas denunciaram o congresso como uma manobra política do governo.[76] Os anarquistas contra atacaram: em setembro de 1913 ocorria o segundo congresso operário,[77] organizado pela FORJ e por eles dominado. A COB, desativada durante o período de refluxo do movimento operário, havia sido reconstituída, assim como o jornal *A Voz do Trabalhador*. Os anarquistas reativaram suas manifestações

---

73 Ao aumento dos preços, somava-se a falta de habitações, em um momento em que a cidade de São Paulo recebia um grande afluxo de população. FAUSTO, Boris. *Trabalho urbano e conflito social*, p. 150.
74 FAUSTO, Boris. *Trabalho urbano e conflito social*, p. 150-153.
75 O primeiro congresso teria sido o congresso socialista, ocorrido em 1892; o segundo, o segundo congresso socialista, de 1902; o terceiro, o primeiro congresso operário de 1906. MARAM, Sheldon Leslie. *Anarquistas, imigrantes e movimento operário brasileiro (1890-1920)*, p. 116.
76 MARAM, Sheldon Leslie. *Anarquistas, imigrantes e movimento operário brasileiro (1890-1920)*, p. 108.
77 O primeiro foi o congresso operário de 1906. Os congressos socialistas não são considerados congressos operários.

públicas contra a carestia de vida e contra a lei de expulsão dos estrangeiros.[78]

Em 1914 foi fundado o Centro de Estudos Sociais, como espaço de debate entre anarquistas e socialistas: "A existência de um diálogo [...] revela que as relações de confronto e disputa no interior do movimento operário encontravam formas de convivência e que a palavra era um instrumento significativo nesse relacionamento."[79] Os debates entre as duas correntes foram publicados pela revista *Barricada*, criada em 1915.

A partir do segundo semestre de 1913, o Brasil começou a viver uma crise econômica – queda do preço dos produtos de exportação, déficit da balança comercial, recessão, estagnação da entrada de capitais estrangeiros.[80] A Primeira Guerra Mundial intensificou a crise, pois o bloqueio inglês acarretou a perda dos mercados da Alemanha, da Áustria e da Bélgica, consumidores de quatro milhões de sacas de café.[81] As consequências dessa crise foram duramente sentidas pelas classes populares: desemprego, redução de salários, fechamento temporário ou definitivo de manufaturas. A conjuntura era desfavorável às mobilizações populares, os sindicatos desintegraram-se.[82]

Como socialistas e anarquistas estavam com sérias dificuldades de organizar os trabalhadores, terminaram por concentrar

---

78 GOMES, Angela de Castro. *A invenção do trabalhismo*, p. 130.
79 GOMES, Angela de Castro. *A invenção do trabalhismo*, p. 131.
80 FAUSTO, Boris. *Trabalho urbano e conflito social*, p. 157.
81 MARAM, Sheldon Leslie. *Anarquistas, imigrantes e movimento operário brasileiro (1890-1920)*, p. 131.
82 FAUSTO, Boris. *Trabalho urbano e conflito social*, p. 157, 158.

seus esforços na oposição à guerra. No dia 26 de março de 1915 a FORJ criou uma Comissão Popular de Ação contra a Guerra. O exemplo foi seguido pelos editores dos jornais operários de São Paulo. Foram organizadas manifestações contra a guerra, como a do 1º de maio de 1915.[83]

Quando a situação econômica melhorou e à depressão seguiu-se uma fase de prosperidade, os salários não acompanharam essa evolução. Mantiveram-se defasados em relação à inflação, que continuava a corroer o poder de compra dos assalariados. Os trabalhadores suportaram quatro anos de inflação galopante, sem que houvesse nenhum aumento de seus salários, mas a situação tornou-se insuportável.[84]

B. O ápice e a decadência

Em junho de 1917 uma greve geral foi deflagrada em São Paulo. Suas repercussões foram sentidas não apenas no interior do estado, mas no país inteiro.[85] Marcou o início de uma fase de ascensão do anarquismo e do movimento operário brasileiro, caracterizado por um grande número de greves concentradas em um período de alguns anos, por manifestações de massa, pela criação de diversos jornais operários e pela introdução de um debate em torno da questão

---

83 DULLES, John W. F. *Anarquistas e comunistas no Brasil (1900-1935)*, p. 37.
84 MARAM, Sheldon Leslie. *Anarquistas, imigrantes e movimento operário brasileiro (1890-1920)*, p. 57, 59.
85 No Rio de Janeiro, no dia 18 de julho iniciou-se uma greve em solidariedade à que estava ocorrendo em São Paulo. DULLES, John W. F. *Anarquistas e comunistas no Brasil (1900-1935)*, p. 57. A greve espalhou-se também para os estados de Minas Gerais, Paraná, Pernambuco e Pará.

social. A preocupação do Estado, no que tange esta última, refletiu-se pelo reforço de uma legislação e de uma ação repressivas, assim como por uma ofensiva ideológica contra as correntes revolucionárias, particularmente contra o anarquismo.[86]

A greve geral de 1917 "[...] assumiu na memória social o sentido de um ato simbólico e único. Símbolo de uma mobilização de massas impetuosa, das virtualidades revolucionárias da classe operária, de organizações sindicais representativas, não contaminadas pela infecção burocrática."[87] Começou no dia 10 de junho, em uma manufatura têxtil, o Cottonier Crespi. Entre as exigências dos operários estavam o aumento dos salários, a abolição das multas, o regulamento do trabalho de mulheres e menores de idade. No dia 26 de junho, os operários da manufatura da estampagem têxtil Ipiranga entraram em greve com aproximadamente as mesmas exigências e obtiveram a aceitação de todas suas reivindicações pela direção da empresa. No Cottonier Crespi, ao contrário, patrões e operários não chegaram a um acordo. Nesse ínterim, recomeçaram as manifestações de solidariedade à greve dos operários têxteis. No dia 7 de julho, a mobilização atingiu uma importante empresa fora do setor têxtil, com a paralisação da Antarctica. O contingente de operários em greve aumentava cada dia: 15 mil operários de 35 empresas cruzaram os braços.

Iniciaram-se choques entre os grevistas e os representantes da Força Pública. O sapateiro anarquista Antonio Martinez foi baleado no estômago, falecendo no dia seguinte. Seu enterro causou grande comoção. O evento generalizou uma greve até então circunscrita a

---

86 FAUSTO, Boris. *Trabalho urbano e conflito social*, p. 158, 159.
87 FAUSTO, Boris. *Trabalho urbano e conflito social*, p. 192.

certos setores, transformando a cidade em um campo de batalha: os bondes pararam de circular, as lojas foram pilhadas pela população, multiplicaram-se os tiroteios entre a polícia e os trabalhadores. Entre os dias 12 e 15 de julho, o número de grevistas passa de 15 mil para 25 mil trabalhadores. O governo tomou medidas drásticas: tropas militares do interior do estado foram mobilizadas (sete mil soldados) e dois navios de guerra partiram em direção ao porto de Santos.

Na origem do movimento não havia nenhuma estratégia definida de luta, de conduta organizada da população. As ações populares desenvolveram-se de forma espontânea.[88] Porém, progressivamente associações populares e líderes sindicais organizaram o Comitê de Defesa Proletária, cujo secretário era o líder anarquista Edgard Leuenroth.[89] O objetivo da associação consistia em unir os trabalhadores em torno de um programa mínimo de reivindicações, negociando com os empresários nas bases de uma classe unificada.

A imprensa organizou um Comitê de Jornalistas que se declarou pronto a fazer a mediação entre os industriais e os operários. No dia

---

88 A noção de espontaneidade merece ser nuançada. Nenhum movimento coletivo se desenvolve de maneira totalmente espontânea. Entretanto, pode ocorrer que as ações populares se organizam sem a interferência de uma liderança externa – sindicatos, partidos etc. É dentro desse quadro que são considerados, nesse trabalho, "espontâneos".
89 Edgard Leuenroth, (1881-1968) filho de um imigrante alemão e de uma brasileira, era jornalista. Foi um dos líderes mais importantes do anarquismo brasileiro. Organizou sindicatos, congressos operários e criou jornais como *A Terra livre*, *A Lanterna* e *A Plebe*. MARAM, Sheldon Leslie. *Anarquistas, imigrantes e movimento operário brasileiro (1890-1920)*, p. 85. O Comitê de Defesa Proletária foi também composto pelos anarquistas Antonio Candeias Duarte, Francisco Cianci, Rodolfo Felipe, Luigi (Gigi) Damiani e pelo socialista Teodor Monicelli, diretor do jornal socialista *Avanti!*. FAUSTO, Boris. *Trabalho urbano e conflito social*, p. 199.

15 de junho, as propostas dos trabalhadores haviam sido aceitas. No dia seguinte, três manifestações ocorreram na capital de São Paulo,[90] nas quais as lideranças dos trabalhadores comunicaram-lhes o resultado das negociações. A greve geral chegara ao fim. O trabalho foi progressivamente retomado, à medida que os industriais, que negociaram individualmente com o Comitê de Jornalistas, assinaram os acordos. A elevação do custo de vida neutralizou rapidamente o aumento dos salários. Finda a greve, o governo apressou-se em reprimir os sindicatos aos quais o movimento de 1917 havia dado um importante impulso.[91]

A entrada do Brasil na guerra, no dia 26 de outubro de 1917, foi seguida de uma campanha de exaltação do sentimento patriótico e de uma série de medidas repressivas, das quais os ápices foram o decreto de estado de sítio, em novembro de 1917, e a expulsão em massa de militantes políticos. A imprensa, inquieta com o que denominava a "conspiração estrangeira", exigia uma ação policial inflexível contra os agitadores e demandava a colaboração dos tribunais.[92]

Em 1918, no Rio de Janeiro, ocorreu uma tentativa de insurreição, preparada pelos anarquistas. O projeto era combinar greves em diversos setores – a começar pelo têxtil – com a revolta das camadas inferiores do Exército e com uma insurreição revolucionária. Após a ocupação da cidade do Rio de Janeiro, o movimento estender-se-ia

---

90 Nos bairros da Lapa, do Ipiranga e do Brás – nesse último ocorreu o maior, com uma audiência calculada entre 5 a 8 mil pessoas. FAUSTO, Boris. *Trabalho urbano e conflito social*, p. 199.

91 Os parágrafos sobre a greve de 1917 foram baseados em FAUSTO, Boris. *Trabalho urbano e conflito social*, p. 193-205.

92 MARAM, Sheldon Leslie. *Anarquistas, imigrantes e movimento operário brasileiro (1890-1920)*, p. 62.

por todo o país. Antes que os últimos detalhes fossem fechados, o grupo foi denunciado pelo tenente do Exército, Jorge Elias Ajus, que havia se infiltrado no grupo com o intuito de informar seus superiores. No dia 18 de novembro, os principais dirigentes foram presos. A despeito do fracasso da insurreição, os operários têxteis deram início a sua greve. Algumas centenas de trabalhadores dirigiram-se ao Campo de São Cristóvão, como fora previsto antes da denúncia. Os grevistas invadiram uma delegacia de polícia, mas foram dali expulsos pelas forças de segurança e do Exército. No dia seguinte, explodiram bombas de pouco efeito nas torres da Light, ao mesmo tempo em que os trabalhadores têxteis, os metalúrgicos e os operários da construção civil davam prosseguimento a suas greves. A repressão do movimento foi extremamente dura: "A coação exercida por forças militares, na porta das empresas, nas residências dos operários literalmente arrastados para o serviço, acabaria por levar o movimento à derrota em meados de dezembro."[93]

A greve geral de 1917 e a conspiração anarquista de 1918 forneceram a justificação de uma série de ações repressivas, invasão e fechamento de sindicatos, de jornais, dissolução da União Geral dos Trabalhadores – que havia substituído a FORJ –, detenção de lideranças operárias.[94] Contudo, o movimento operário mantinha um nível de mobilização bastante elevado, estimulado pelo fim da guerra e pela onda anticapitalista em curso na Europa. A manifestação do 1º de maio de 1919 reuniu 60 mil trabalhadores na praça Mauá, no Rio de Janeiro, ao som de hinos revolucionários e de dis-

---

93 FAUSTO, Boris. *Trabalho urbano e conflito social*, p. 216.
94 MARAM, Sheldon Leslie. *Anarquistas, imigrantes e movimento operário brasileiro (1890-1920)*, p. 95.

cursos exaltando a Revolução Russa.[95] As informações sobre a revolução tinham chegado à imprensa brasileira através de telegramas enviados pelas agências internacionais. O evento foi recebido pelos anarquistas brasileiros como uma revolução libertária: os militantes Edgar Leuenroth e Hélio Negro (pseudônimo de Antônio Duarte Candeias) difundiram um panfleto intitulado *O que é o maximismo ou o bolchevismo*,[96] no qual afirmavam que o regime que se constituía na Rússia era "a rota em direção ao anarquismo desejado".[97] Na realidade, faltava a todos, mesmo aos intelectuais, informações precisas sobre a natureza do regime que se implantava na Rússia. De acordo com o militante anarquista Astrojildo Pereira, o conhecimento exato das modalidades doutrinárias e estruturais do regime estabelecido apenas foi generalizado no Brasil alguns anos depois.[98]

O apogeu e a crise do movimento anarquista no Brasil situaram-se entre os anos de 1917 e 1920, durante os quais as diversas mobilizações operárias tiveram como centro a reivindicação do direito de associação e de organização sindical, assim como o reconhecimento

---

95 FAUSTO, Boris. *Trabalho urbano e conflito social*, p. 162.
96 Os bolcheviques eram chamados "maximalistas", pois eram adeptos de um programa máximo do partido socialista, enquanto os mencheviques eram chamados de "minimalistas", por defenderem um programa mínimo. BANDEIRA, Muniz; MELO, Clovis; ANDRADE, A. T. *O ano vermelho: a Revolução e os reflexos no Brasil*. Rio de Janeiro: Civilização Brasileira, 1967, p. 152.
97 Edgard Leuenroth e Hélio Negro *apud* MARAM, Sheldon Leslie. *Anarquistas, imigrantes e movimento operário brasileiro (1890-1920)*, p. 81. Os militantes anarquistas fundaram um Partido Comunista sem objetivos eleitorais e convocaram, em junho, uma conferência comunista no Rio de Janeiro. A conferência não ocorreu, em razão da forte repressão policial.
98 Muniz BANDEIRA, Muniz; MELO, Clovis; ANDRADE, A. T. *O ano vermelho: a Revolução e os reflexos no Brasil*, p. 160.

de sua representatividade por parte dos industriais e do Estado. Os trabalhadores começavam a constituir-se como força organizada e independente.[99] A partir de 1919, as greves até então conduzidas de maneira informal – por intermédio de cartas e pela circulação da imprensa operária – começava a apoiar-se em sindicatos mais estruturados, que enviavam delegações de São Paulo ao Rio de Janeiro e vice-versa, a fim de melhor coordenar suas ações.[100] Paralelamente, a campanha conduzida pelo Estado contra o anarquismo e contra todo movimento operário cresceu em violência e em apoio da opinião pública.[101] A partir de 1919 constituiu-se um esforço repressivo que reunia as autoridades municipais, estaduais e federais.[102] Na década de 1920, os movimento operário entrou em uma longa depressão.[103]

C. As causas do declínio

Diversos fatores explicam a dificuldade que o movimento operário encontrou para impor-se: a falta de interesse do Estado oligárquico em realizar um esforço de integração política dos trabalhadores, a ação repressiva dos setores dominantes, o peso secundário da classe operária na sociedade, a extrema dificuldade encontrada pelos trabalhadores para obter o reconhecimento de seus direitos, o

---

99 FAUSTO, Boris. *Trabalho urbano e conflito social*, p. 179.
100 MARAM, Sheldon Leslie. *Anarquistas, imigrantes e movimento operário brasileiro (1890-1920)*, p. 139.
101 GOMES, Angela de Castro. *A invenção do trabalhismo*, p. 133.
102 MARAM, Sheldon Leslie. *Anarquistas, imigrantes e movimento operário brasileiro (1890-1920)*, p. 167.
103 FAUSTO, Boris. *Trabalho urbano e conflito social*, p. 248.

excesso de oferta de mão de obra, a natureza da ideologia anarquista.[104] A fraqueza do movimento operário no Brasil desses anos foi evidenciada pela descontinuidade das organizações sindicais, dos partidos operários e pela derrota dos movimentos coletivos.[105]

A natureza do Estado da primeira República foi um elemento decisivo para a queda do movimento operário. Representante da oligarquia rural e dos setores industriais que se formavam, o Estado conduzia uma política de total exclusão dos setores populares. Sua atitude mais frequente em relação à classe operária foi de considerar seus movimentos de luta por melhores condições de vida e de trabalho como uma simples subversão da ordem, à qual era preciso responder com medidas repressivas.[106]

As reivindicações do movimento operário centraram-se, durante o período estudado, sobre o aumento dos salários, as condições de trabalho e a regulamentação dos direitos trabalhistas. A persistência dessas demandas mostra que os problemas mantiveram-se apesar das lutas.[107] As condições de trabalho eram extremamente duras e a legislação trabalhista inexistente: o empregado era dispensado sem ser previamente comunicado, após inúmeros anos de trabalho; os acidentes de trabalho eram considerados uma fatalidade, portanto não eram indenizados; não havia aposentadoria.[108]

---

104 FAUSTO, Boris. *Trabalho urbano e conflito social*, p. 245.
105 FAUSTO, Boris. *Trabalho urbano e conflito social*, p. 121.
106 FAUSTO, Boris. *Trabalho urbano e conflito social*, p. 217.
107 CARONE, Edgar. *A República Velha (I – instituições e classes sociais 1889-1930)*, p. 194.
108 FAUSTO, Boris. *Trabalho urbano e conflito social*, p. 105.

À recusa sistemática por parte do Estado de qualquer concessão de cidadania ao trabalhador, acrescia-se a inexistência de um meio de institucionalizar os direitos conquistados durantes longas lutas. Assim, os acordos estabelecidos entre os trabalhadores e industriais ao curso de numerosas disputas não encontravam ancoragem em nenhuma legislação do trabalho, terminando por serem desrespeitados.[109] No momento em que a mobilização e a organização operárias adquiriram certa importância, entre os anos 1917 e 1920, a tendência dos industriais foi a de acentuar o comportamento repressivo e, muitas vezes, recusar toda e qualquer negociação com os representantes dos trabalhadores.[110]

Outro fator que contribuiu para a fraqueza do movimento operário foi a extrema dificuldade em exercer pressão sobre um Estado cujas bases de sustentação prescindiam totalmente do proletariado urbano.[111] Ainda que o processo de industrialização tenha sido significativo – sobretudo porque prosseguiu nas décadas seguintes – é necessário nuançar sua amplitude num país que se mantinha, na época, essencialmente agrícola.[112] Isso acarretou uma das principais

---

109 FAUSTO, Boris. *Trabalho urbano e conflito social*, p. 245. Um exemplo disso foi a greve dos sapateiros do Rio de Janeiro, em 1902: "Os industriais renderam-se às reivindicações da União [auxiliar dos sapateiros] por volta de fevereiro de 1903, mas pouco depois tentavam anular os acordos feitos e fechar o sindicato." MARAM, Sheldon Leslie. *Anarquistas, imigrantes e movimento operário brasileiro (1890-1920)*, p. 128.
110 FAUSTO, Boris. *Trabalho urbano e conflito social*, p. 221.
111 FAUSTO, Boris. *Trabalho urbano e conflito social*, p. 248.
112 "Apesar das grandes transformações regionais operadas por este desenvolvimento [industrial], o raio de sua ação, no sentido de diversificar a estrutura social do conjunto do país, foi como se sabe bastante limitado." FAUSTO, Boris. *Trabalho urbano e conflito social*, p. 20.

dificuldades encontradas pelo movimento operário para impor suas reivindicações: não sendo a peça central da engrenagem da sociedade oligárquica, o operário não possuía meios eficazes de exercer pressão sobre a ordem dominante.[113]

Desse modo, certas categorias – mais essenciais à performance do sistema agrícola exportador – tinham maior sucesso em seus movimentos que outros. Um bom exemplo pode ser encontrado na comparação entre os portos e as indústrias têxteis: "Uma greve de estivadores tinha a vantagem de causar uma perda imediata de receita aos fretadores e à administração do porto, lançando sobre elas a pressão de exportadores e negociantes de café, que viam seus investimentos empilharem-se nos armazéns e ao longo das docas."[114] Já uma greve das indústrias têxteis não produzia o mesmo efeito. Os operários têxteis foram responsáveis pela primeira greve geral no Rio de Janeiro em 1903, tiveram um papel importante nas de São Paulo, em 1907 e em 1912 e associaram-se à tentativa de insurreição de novembro de 1918. Embora estivessem na origem de várias greves, encontravam grande dificuldade para organizar-se, pois seu trabalho era pouco especializado e podiam ser facilmente substituídos.[115] A essa dificuldade, acrescenta-se a tendência do setor à superprodução nos momentos de alta de consumo e à redução das horas de trabalho ou à demissão de operários nos momentos de baixa. A estocagem de produtos permitia aos industriais do setor suportar

---

113 Fausto, Boris. *Trabalho urbano e conflito social*, p. 8.
114 Maram, Sheldon Leslie. *Anarquistas, imigrantes e movimento operário brasileiro (1890-1920)*, p. 56, 57.
115 Fausto, Boris. *Trabalho urbano e conflito social*, p. 128.

os períodos de inatividade das greves e até de provocá-las, em alguns momentos, para quebrar a resistência dos trabalhadores.[116] Por outro lado, embora o setor agrícola estivesse no centro do sistema de produção do café, os agricultores, mais que os operários, contavam com possibilidades muito reduzidas de se afirmar diante dos setores dominantes. As condições impostas pelo meio rural tornavam muito difícil a organização dos trabalhadores, que estavam dispersos entre propriedades isoladas umas das outras e sem possibilidades de estabelecer contatos que permitissem uma organização conjunta. No interior das propriedades rurais, o proprietário possuía poderes absolutos, o domínio da polícia e da magistratura local e podia expulsar os indivíduos que ameaçassem seu poder. Assim, "[...] embora o núcleo estrutural da economia residisse no campo, o conflito social concentrou-se nos setores secundário e de serviços."[117]

Durante o declínio dessa primeira fase do movimento operário, a natureza do movimento anarquista também teve seu papel. A escolha ideológica de recusar qualquer ação sobre a esfera da política formal acabou por coincidir com a estratégia dos setores dominantes de excluir a classe operária de toda decisão política. Os anarquistas lutavam para conquistar direitos para os trabalhadores, mas não possuíam meios de sedimentar essas conquistas pois, por um lado, obter um reconhecimento legal significava transitar dentro do universo das normas existentes – justamente o terreno que contestavam – e, por outro lado, não eram suficientemente

---

116 MARAM, Sheldon Leslie. *Anarquistas, imigrantes e movimento operário brasileiro (1890-1920)*, p. 54.
117 FAUSTO, Boris. *Trabalho urbano e conflito social*, p. 21, 22.

fortes para impor suas conquistas de modo alternativo.[118] No que tange ao sindicalismo, o acompanhamento dos movimentos espontâneos dos trabalhadores em detrimento da criação de uma estrutura organizada enfraqueceu as possibilidades de vitória. Os anarquistas, competentes na criação de sindicatos, não conseguiram criar organizações de porte nacional que sustentassem o movimento operário nos momentos de crise.[119]

As análises equivocadas da conjuntura econômica e social pelos anarquistas também concorreram para o fracasso de alguns movimentos reivindicativos. A deflagração de greves em momentos de crises econômicas, quando as organizações operárias estavam desorganizadas e as taxas de desemprego elevavam-se, contribuiu a fragilizar a situação dos trabalhadores. Ademais, serviam para identificar as lideranças do movimento operário, facilitando sua detenção e expulsão do país.[120]

A despeito de todas essas dificuldades, é necessário matizar a noção de declínio. Embora os resultados do movimento operário nessa primeira fase não tenham sido remarcáveis do ponto de vista da conquista das reivindicações ou das associações operárias, as ideias difundidas não foram destruídas, ainda que tenham se modificado com o passar do tempo.[121] Esse período constituiu um momento importante do processo de tomada de consciência, por parte

---

118 GOMES, Angela de Castro. *A invenção do trabalhismo*, p. 114.
119 MARAM, Sheldon Leslie. *Anarquistas, imigrantes e movimento operário brasileiro (1890-1920)*, p. 97.
120 MARAM, Sheldon Leslie. *Anarquistas, imigrantes e movimento operário brasileiro (1890-1920)*, p. 89, 146.
121 MARAM, Sheldon Leslie. *Anarquistas, imigrantes e movimento operário brasileiro (1890-1920)*, p. 12.

dos trabalhadores, de seus direitos: "[...] em uma sociedade recém--saída da escravidão, a organização operária aparece como o primeiro movimento social das camadas dominadas voltado por seus objetivos manifestos, modelos ideológicos, métodos de ação, para a mudança de aspectos básicos da estrutura de poder."[122]

6. Os socialistas

Na virada do século, três correntes disputavam entre si a influência do movimento operário brasileiro: o anarquismo o reformismo[123] e o socialismo reformista. Apesar das profundas divergências no que concerne à análise da natureza do Estado, ao papel da luta parlamentar, à importância do partido e a outros temas polêmicos, anarquistas e socialistas no Brasil lutavam amiúde lado a lado e coincidiam em suas bandeiras pelo fim do sistema capitalista e pela coletivização dos meios de produção. Havia militantes anarquistas, como Neno Vasco, que defendiam o "socialismo anarquista": era preciso, por um lado, abolir a propriedade privada e promover a socialização da terra e dos meios de produção, ao mesmo tempo, fazia-se necessário extinguir o Estado e toda instituição de poder. Portanto, a melhor solução seria ser anarquista e socialista ao mesmo tempo.[124] No outro extremo do espectro político de esquerda, parte considerável dos militantes reformistas autodenominava-se socialista.

---

122 Boris Fausto, *Trabalho urbano e conflito social*, p. 122.
123 Na realidade, Boris Fausto emprega o termo "trabalhista" para definir os reformistas. FAUSTO, Boris. *Trabalho urbano e conflito social*, p. 41.
124 GOMES, Angela de Castro. *A invenção do trabalhismo*, p. 94.

A distinção entre os socialistas e os reformistas coloca certas dificuldades. Entre os diversos indivíduos, grupos ou associações que se designavam como socialistas – alguns originários das camadas médias, outros constituídos por operários imigrantes e brasileiros – pode-se notar uma vasta gama de atitudes, que ia da defesa aberta da colaboração de classes à participação nos sindicatos e nas greves, ao lado dos anarquistas.

Socialistas e anarquistas trabalharam juntos em vários momentos-chave, na organização de sindicatos, de federações operárias, de greves, de manifestações de 1º de maio, de movimentos contra a carestia de vida e contra a guerra. Dessa maneira, "As polêmicas entre anarquistas e socialistas chegaram às vezes a ganhar um tom inflamado, mas a colaboração em ações concretas, apesar das divergências, se estabeleceu em vários momentos."[125] Efetivamente, na prática cotidiana do movimento operário as três correntes misturavam-se, lutando por vezes em conjunto e outras vezes opondo-se em posições inconciliáveis. Nem sempre é simples diferenciar as tendências ou definir as esferas ideológicas.[126]

A. Os anarquistas

A presença dos imigrantes foi muito importante no que concerne à influência anarquista no movimento operário brasileiro dessa época: entre os recém-chegados, vieram intelectuais dispostos a transmitir suas ideias e trabalhadores que tiveram, em seus países, contatos com o movimento libertário.[127] As primeiras iniciativas

---

125 FAUSTO, Boris. *Trabalho urbano e conflito social*, p. 61.
126 DIAS, Everardo. *História das lutas sociais no Brasil*, p. 51.
127 FAUSTO, Boris. *Trabalho urbano e conflito social*, p. 63.

anarquistas visando organizar os trabalhadores urbanos remontam a 1890. Os militantes eram ainda pouco numerosos, sua influência reduzida, seus jornais tratavam mais frequentemente de questões europeias do que de temas brasileiros. Suas ideias e táticas foram difundidas através de livros trazidos da Europa, da imprensa, de panfletos, de resoluções de congressos operários.[128]

As diversas tendências anarquistas[129] tinham em comum o objetivo de construir uma sociedade igualitária, a crítica ao Estado, considerado como instrumento de opressão, a oposição aos dogmas religiosos, a recusa da política liberal, dos partidos políticos e das eleições como instrumentos de luta, a defesa da associação livre dos indivíduos para pôr fim à desigualdade social. De acordo com Pascal Ory, "A grande originalidade desse pensamento [foi] desenvolver uma crítica da injustiça social, da exploração econômica capitalista que, contrariamente à maior parte dos socialismos, não deve nada à dita tradição. Trata-se de certo modo de passar dos homens relativamente 'livres e iguais em direitos' aos homens absolutamente livres e iguais de fato."[130] Uma das características que diferenciava o anarquismo das outras ideologias era a preocupação em educar o indivíduo sobre outras bases que não as da sociedade capitalista,

---

128 MARAM, Sheldon Leslie. *Anarquistas, imigrantes e movimento operário brasileiro (1890-1920)*, p. 78, 89.

129 O mutualismo prudhoniano pregava a livre associação de produtores diretos, sem o intermédio e um Estado. O anarco-coletivismo, cujo principal líder era Mikhail Bakounin, defendia a coletivização dos meios de produção, o emprego da violência e atribuía aos sindicatos um papel importante. FAUSTO, Boris. *Trabalho urbano e conflito social*, p. 63-66.

130 ORY, Pascal. Anarchisme et syndicalisme révolutionnaire. In: *Nouvelle histoire des idées politiques*, p. 286.

elevando sua condição intelectual e moral.[131] A crítica anarquista da sociedade de classes desenvolvia-se paralelamente à tentativa de constituir uma cultura e uma moral dentro das quais os trabalhadores pudessem reconhecer-se.[132]

Nos jornais libertários – um dos instrumentos de propaganda mais utilizados – a presença de artigos abordando questões operárias de outros países, extratos de textos de teóricos do anarquismo internacional, resoluções dos congressos sindicalistas europeus era constante. Esses documentos serviam como fonte de orientação tática e ideológica aos militantes e simpatizantes do movimento operário.[133] A solidariedade internacional, muito cara aos anarquistas, não impediu contudo o esforço de mostrar que suas ideias aplicavam-se à realidade brasileira. A ausência de uma estrutura formal torna difícil um reconhecimento preciso do núcleo anarquista.[134] Todavia, alguns nomes mantiveram-se extremamente ligados à história do anarquismo no Brasil: Luigi (Gigi) Damiani, Edgard Leuenroth, Neno Vasconcelos, José Oiticica.[135]

---

131 FAUSTO, Boris. *Trabalho urbano e conflito social*, p. 80, 81.
132 GOMES, Angela de Castro. *A invenção do trabalhismo*, p. 102.
133 MARAM, Sheldon Leslie. *Anarquistas, imigrantes e movimento operário brasileiro (1890-1920)*, p. 87.
134 FAUSTO, Boris. *Trabalho urbano e conflito social*, p. 94.
135 Luigi (Gigi) Damiani, nascido na Itália, chegou ainda jovem ao Brasil. Escrevia em vários jornais, como *A Plebe* e *La Battaglia*. Foi expulso do Brasil em 1919, mas continuou ativo no movimento anarquista na África do Norte e na Europa. Edgard Leuenroth, (1881-1968) filho de um imigrante alemão e de uma brasileira, era jornalista. Foi uma das principais lideranças do anarquismo brasileiro. Organizou sindicatos, congressos operários e fundou jornais, com os quais colaborava – particularmente *A Terra livre*, *A Lanterna* e *A Plebe*. Gregório Vasconcelos (1878-1920), conhecido pelo nome de Neno Vasconcelos, formou-se

Entre as tendências anarquistas, o anarco-sindicalismo, inspirado pela CGT francesa, foi a força ideológica mais influente no movimento operário brasileiro.[136] Foi "[...] uma tentativa de adaptação do anarquismo às realidades da civilização moderna. Não se opunha à industrialização, mas sim aos que a controlavam."[137] os militantes dessa corrente foram responsáveis pela edição de uma parte considerável da imprensa operária e dominaram a organização e as atividades dos sindicatos. O método de luta do anarco-sindicalismo era a ação direta: a organização deveria surgir diretamente dos locais de trabalho, sem delegação de poder, nem representação, para que os combates entre os trabalhadores contra as autoridades públicas e os patrões ficassem livres de intermediações.[138] Entre seus instrumentos de ação podemos citar a greve geral ou parcial, a manifestação pública, a sabotagem e o boicote.[139] A participação nas organizações sindicais – arma por excelência na resistência ao sistema em vigor – devia ser voluntária, único meio de escapar à armadilha da disciplina e da autoridade.[140] Os sindicatos desempenhavam igualmente

---

pela Universidade de Coimbra e chegou ao Brasil em 1900. Participou da criação de diversos jornais, como *O Amigo do povo*, *A Terra livre* e a revista *Aurora*. José Oiticica (1882-1957), era originário de uma importante família do estado de Alagoas, seu pai foi juiz e senador. Em 1906 foi intitulado professor de português do prestigioso colégio D. Pedro II. Tornou-se anarquista em 1912, tendo sido um dos principais dirigentes da insurreição fracassada de 1918. MARAM, Sheldon Leslie. *Anarquistas, imigrantes e movimento operário brasileiro (1890-1920)*, p. 85, 86.

136 FAUSTO, Boris. *Trabalho urbano e conflito social*, p. 74.

137 MARAM, Sheldon Leslie. *Anarquistas, imigrantes e movimento operário brasileiro (1890-1920)*, p. 78.

138 GOMES, Angela de Castro. *A invenção do trabalhismo*, p. 96.

139 FAUSTO, Boris. *Trabalho urbano e conflito social*, p. 76.

140 GOMES, Angela de Castro. *A invenção do trabalhismo*, p. 28.

um papel social e educativo: organizavam conferências literárias, bailes, representações artísticas.[141]

A influência anarquista no Brasil declinou vertiginosamente nos anos 1920. A Revolução Russa havia imposto um novo paradigma. Alguns militantes anarquistas, admiradores do bolchevismo e desencantados com os princípios descentralizadores e antiparlamentares do anarquismo, fundaram, em 1922, o Partido Comunista do Brasil.[142]

B. Os reformistas

A presença dos reformistas foi importante durante a última década do século XIX, após a qual cederam progressivamente espaço aos anarquistas sem, entretanto, desaparecer por completo.[143] O reformismo era influente sobretudo na capital da República, onde a estrutura social era mais diversificada que em outras cidades do país. A existência de extratos sociais médios, ainda que heterogêneos, não identificados com a burguesia oligárquica e de operários ainda não afetados pelas ideias socialistas ou anarquistas, permitiu a formação desses grupos. No Rio de Janeiro, a presença do trabalhador nacional, mais receptivo aos projetos políticos herdeiros das relações tradicionais e paternalistas, era mais frequente, o que contribuiu para a formação de uma "[...] corrente [política] limitada à defesa de reivindicações mínimas, pela via da colaboração de classes e da proteção do Estado [...]."[144]

---

141 CARONE, Edgard. *Movimento operário no Brasil (1877-1944)*, Difel, São Paulo, 1979, p. 13.
142 DULLES, John W. F. *Anarquistas e comunistas no Brasil (1900-1935)*, p. 10.
143 FAUSTO, Boris. *Trabalho urbano e conflito social*, p. 41.
144 FAUSTO, Boris. *Trabalho urbano e conflito social*, p. 52.

Esses grupos haviam vislumbrado, com a proclamação da República, a oportunidade de obter a influência política que lhes fora negada durante o Império.[145] Assim, elementos estrangeiros ao meio operário, que pertenciam às camadas médias – profissionais liberais, militares – desejosos de integrar a cena política do novo regime procuravam estabelecer alianças com os setores populares, propondo-lhes o reconhecimento de alguns direitos sociais e, por vezes, levando-os a votar em candidatos de orientação popular.[146] Sua estratégia de ação baseava-se na negociação entre operários e patrões. As greves, consideradas nocivas ao desenvolvimento industrial, não podiam ser empregadas a não ser como último recurso, após o fracasso de todas as possibilidades de acordo com os empregadores e a recusa de todas as reivindicações endereçadas às autoridades públicas. Esperavam que as elites reconhecessem o papel dos trabalhadores no desenvolvimento da nação e recompensassem seus esforços.[147]

Os reformistas organizaram alguns partidos operários – na capital federal – cuja existência foi bastante efêmera. Convidavam a participar dessas organizações todos aqueles que estivessem dispostos

---

145 MARAM, Sheldon Leslie. *Anarquistas, imigrantes e movimento operário brasileiro (1890-1920)*, p. 103. "A França revolucionária era um exemplo de como o povo fizera sua entrada na história, ganhando identidade e força políticas. A República podia e devia ser o *milieu* por excelência de organização dos trabalhadores, e é justamente dentro desta lógica que se propunha a mobilização através de um instrumento reconhecido pela nova forma de governo." GOMES, Angela de Castro. *A invenção do trabalhismo*, p. 49.
146 FAUSTO, Boris. *Trabalho urbano e conflito social*, p. 47, 52.
147 MARAM, Sheldon Leslie. *Anarquistas, imigrantes e movimento operário brasileiro (1890-1920)*, p. 103.

a defender os direitos dos trabalhadores, fossem operários ou industriais – afinal, segundo suas concepções, convergiam todos no interesse de promover a prosperidade e o progresso do país.[148] Não tinham com objetivo a alteração da ordem, propunham-se simplesmente a obter alguns direitos que melhorassem as condições de vida dos trabalhadores sem, para isso, modificar a estrutura em vigor. Para atingir seus objetivos, não hesitavam em recorrer ao conciliação entre as classes, aceitar a legitimidade do Estado ou aliar-se com setores dominantes.[149]

Os partidos organizados segundo o modelo reformista, no final do século XIX foram três: o Partido Operário, criado em 1890 e comandado por Gustavo Lacerda,[150] ex-militar e jornalista; o Partido Operário, fundado pelo tipógrafo Luiz França e Silva[151] e encerrado após as eleições de 1890; o Partido Operário formado a partir do Centro Artístico do Rio de Janeiro e presidido por José Augusto

---

[148] GOMES, Angela de Castro. *A invenção do trabalhismo*, p. 53.
[149] FAUSTO, Boris. *Trabalho urbano e conflito social*, p. 41.
[150] Nascido em 1843, Gustavo Lacerda foi forçado a abandonar o Exército em razão de suas ideias ditas socialistas. Editor do jornal *A Voz do Povo*, opunha-se às greves e preferia as associações aos sindicatos militantes. MARAM, Sheldon Leslie. *Anarquistas, imigrantes e movimento operário brasileiro (1890-1920)*, p. 104.
[151] Editor do jornal *Echo popular*, Luiz França e Silva considerava as greves anti-produtivas e nocivas ao desenvolvimento industrial do país. MARAM, Sheldon Leslie. *Anarquistas, imigrantes e movimento operário brasileiro (1890-1920)*, p. 104.

Vinhaes,[152] tenente da Marinha.[153] Sua preocupação consistia em criar leis que trouxessem benefícios ao trabalhador, leis então inexistentes no Brasil.[154]

De acordo com Angela de Castro Gomes, o modelo desses partidos era o Partido Social-Democrata alemão: "Se a França era o principal espelho para a República, a Alemanha o era para o partido operário."[155] Os partidos operários projetavam a trajetória do partido alemão, mais desenvolvido, sobre sua própria experiência: após um período de perseguição pelo governo, o Partido Social-Democrata alemão reorganizara-se, fora legalmente reconhecido e obtivera um considerável sucesso eleitoral em 1890, elegendo alguns deputados. Outro ponto em comum, em certo sentido, seria a anterioridade do partido em relação aos sindicatos que, no final do século XIX, eram ainda pouco representativos. Na Alemanha, era o partido que organizava e dirigia o movimento operário.[156]

Além dos partidos reformistas, havia o Centro das Classes Operárias, comandado por Vicente de Souza.[157] Seu objetivo era

---

152 Maranhense, nascido em 1857, José Augusto Vinhaes era filho de um rico comerciante português. Educado na Europa, abolicionista e republicano, elegeu-se deputado em 1890 (até 1893) e definia-se, na Câmara, como deputado socialista. GOMES, Angela de Castro. *A invenção do trabalhismo*, p. 57.
153 FAUSTO, Boris. *Trabalho urbano e conflito social*, p. 45, 46.
154 GOMES, Angela de Castro. *A invenção do trabalhismo*, p. 51.
155 GOMES, Angela de Castro. *A invenção do trabalhismo*, p. 50.
156 GOMES, Angela de Castro. *A invenção do trabalhismo*, p. 50, 55.
157 Vicente Ferreira de Souza (1852-1908) nasceu em Nazareth (BA), era médico e professor de latim no Colégio D. Pedro II. Foi eleito senador nos primeiros anos da República, mas recusaram-lhe o mandato em razão de problemas cujo teor se desconhece. MARAM, Sheldon Leslie. *Anarquistas, imigrantes e movimento operário brasileiro (1890-1920)*, p. 111.

desempenhar um papel central nas mobilizações operárias, estimulando suas associações e suas reivindicações. A atividade e a participação política do Centro mantiveram-se até 1905, quando foi fechado pelas autoridades devido a sua participação na Revolta da Vacina.[158] Foi "[...] uma das mais importantes organizações trabalhistas do Rio a autoproclamar-se socialista".[159]

Apesar dos reformistas oporem-se à luta de classes, alguns deles autonomeavam-se socialistas. É o caso dos sindicalistas "amarelos",[160] Mariano Garcia e Pinto Machado. Garcia trabalhou em uma indústria de cigarros, fundou em 1895 o jornal *O operário*, participou do jornal *A Gazeta Operária* e fez várias tentativas de criação de um partido político. Machado contribuiu para a organização dos trabalhadores das indústrias têxteis, foi presidente de uma união de ferroviários, participou do movimento de solidariedade à greve da Companhia Paulista, em 1906. Ambos apoiaram, todavia, a candidatura de Hermes da Fonseca à presidência, defendiam a

---

158 Preocupado com as epidemias de febre amarela e de varíola que se propagavam pela vila do Rio de Janeiro, o governo tomou uma série de medidas – entre as quais, a destruição de moradias populares – cujo ápice foi a aprovação, no dia 31 de outubro de 1904, da lei da vacina obrigatória. A população do Rio de Janeiro opôs-se à medida e iniciou uma importante revolta. JOFFILY, BERNARDO. *Brasil: 500 anos (Atlas Histórico do Brasil)*, p. 98.

159 GOMES, Angela de Castro. *A invenção do trabalhismo*, p. 68.

160 Sindicato "amarelo": "Sindicato cuja constituição é influenciada e favorecida pelo empregador, a fim de contrabalançar o poder dos sindicatos de tendência reformista ou revolucionária". Em oposição a sindicato "vermelho": "Sindicato de esquerda, de extrema esquerda; sindicato revolucionário de inspiração socialista. *Trésor de la langue française. Dictionnaire de la langue du XIXe et du XXe siècle (1789-1960)*, tome XV, Gallimard, Paris, 1992.

colaboração de classes, manifestavam reservas em relação às greves, criticavam os anarquistas e ajudaram a organizar o congresso operário de 1921 – lançado por Mario Hermes, filho do presidente da República – acusado pelos sindicatos anarquistas de manobra governamental.[161]

A importância dos reformistas no final do século XIX e no início do século XX não pode ser medida por suas organizações, pois "Sua personalidade e suas ideias foram muito mais significativas que os efêmeros partidos e sindicatos por eles dirigidos".[162]

C. Os socialistas

O socialismo brasileiro da virada do século caracterizava-se por uma forte tendência reformista.[163] Aproximava-se das correntes puramente reformistas pela temática da República social, pela defesa dos direitos operários, por preconizar uma mudança gradual da sociedade por intermédio de conquistas políticas, pela preocupação de organizar um partido político e pela recusa de toda ação violenta. O que os diferenciava dos reformistas era o apelo constante ao Estado e às classes dirigentes para que se encarregassem da questão social. Pretendiam, além disso, conquistar o poder

---

161 FAUSTO, Boris. *Trabalho urbano e conflito social*, p. 52.
162 MARAM, Sheldon Leslie. *Anarquistas, imigrantes e movimento operário brasileiro (1890-1920)*, p. 103.
163 FAUSTO, Boris. *Trabalho urbano e conflito social*, p. 41. Em oposição aos revolucionários, os reformistas pretendiam modificar o sistema social em vigor sem a utilização da força, notadamente através da política parlamentar.

público através do partido socialista,[164] com o intuito de modificar a estrutura social vigente, instaurar uma sociedade igualitária e socializar os meios de produção.

Para além da influência reformista, o socialismo brasileiro era constituído por uma mistura ideológica, uma espécie de reprodução vaga e confusa das concepções europeias. Alguns socialistas, por exemplo, diziam-se marxistas mas eram, na realidade, partidários de um socialismo evolucionista[165] e reformista.[166] De acordo com Claudio Batalha, "Marx era frequentemente citado, mas muito pouco conhecido, a não ser pelas obras de vulgarização que circulavam na época, como o resumo de *O Capital*, preparado por Gabriel Deville".[167] Assim os esforços dos socialistas brasileiros, dentro dos limites que a Primeira República lhes impunha, conduziam-se no sentido de assegurar legalmente os direitos dos trabalhadores e de legitimar sua presença política na sociedade.

Em agosto de 1892, ocorreu o primeiro Congresso Socialista na capital da República. A maior parte dos presentes, cerca de 400 pessoas, vinha do Partido Operário comandado pelo reformista Luiz França

---

164 SEIXAS, Jacy Alves de. *Mémoire et oubli – Anarchisme et syndicalisme révolutionnaire au Brésil: mythe et histoire*, Editions de la Maison des sciences de l'homme, Paris, 1992, p. 50-52.

165 Teoria social segundo a qual uma lei natural interna regeria as sociedades. Estas se desenvolveriam em um mesmo sentido evolutivo, apesar das diferenças de duração e de intensidade das fases históricas que se seguiriam. Desse modo, a sociedade brasileira tenderia a repetir as etapas históricas da Europa ocidental, ainda que mantivesse duas especificidades. FAUSTO, Boris. *Trabalho urbano e conflito social*, p. 98, 99.

166 CARONE, Edgard. Movimento operário no Brasil (1877-1944), p. 8.

167 BATALHA, Claudio. Jaurès au Brésil. In: *Cahiers Jean Jaurès*, janeiro-março de 1996, n° 139, Centre national, Musée Jean Jaurès et Société d'Etudes jaurésiennes, p 25.

e Silva. O congresso aprovou o programa de um Partido Operário Brasileiro, no qual se definia que a luta pela apropriação dos meios de produção deveria passar pela política parlamentar. O congresso teve pouca repercussão e o partido fundado, ainda que tivesse um jornal, *O Socialista*, não teve nenhuma atividade: "A situação tanto no Rio quanto em São Paulo era de uma arregimentação pequena e difícil, com muito poucos trabalhadores aderindo às corporações operárias e um menor número ainda contribuindo financeiramente."[168]

O Centro Socialista de Santos foi fundado em 1895 por Silvério Fontes,[169] Sóter de Araújo e Carlos Escobar, como o objetivo de difundir as ideias socialistas. Durante dois anos o Centro reuniu um pequeno núcleo, organizou uma biblioteca, promoveu conferências e publico o jornal *A Questão Social*. As ideias do grupo eram marcadas por um evolucionismo socialista e pelo reformismo.[170] Retratos de Marx, Engels e Benoît Malon ornavam os muros da sede. Silvério Fontes, uma das figuras mais importantes do grupo, era adepto do modelo marxista, embora despojado de suas ideias revolucionárias. Segundo Sheldon Leslie Maram, ainda que o jornal do centro fosse destinado aos operário, endereçava-se, na realidade a um público interessado "[...] apenas nas questões intelectuais e prolixas sobre

---

168 GOMES, Angela de Castro. *A invenção do trabalhismo*, p. 68.
169 Silvério Fontes (1858-1928), nascido em Sergipe, era médico. Criou o jornal *A Questão Social*, colaborou com o jornal *Avanti!* e participou do congresso socialista de 1902. No fim de sua vida, aderiu ao Partido Comunista do Brasil. CHACON, Vamireh. *História das ideias socialistas no Brasil*, p. 285, 286.
170 FAUSTO, Boris. *Trabalho urbano e conflito social*, p. 98.

o socialismo."[171] O Centro Socialista manteve contato com os socialistas de São Paulo e do Rio de Janeiro, mas não estabeleceu nenhuma relação com o movimento operário nascente em Santos.[172] O grupo criou o Partido Operário Socialista em 1896, de existência bastante curta, como, aliás, a de todas as organizações socialistas do período.[173]

Os centros socialistas constituíam locais de encontro de intelectuais de orientações políticas variadas, tanto de discussão, como de atualização e circulação das teorias socialistas. Em outubro de 1895, foi fundado o Centro Socialista de São Paulo, sob a direção do advogado Estevam Estrella. A partir desse centro, organizou-se, em junho de 1896, o Partido Democrata Socialista de São Paulo, reunindo diversos grupos socialistas locais. Dois anos depois, reestruturou-se e deu origem ao Partido Socialista Internacional. Em 1898, socialistas e anarquistas pretendiam reunir, em um congresso, todas as escolas socialistas. Porém, durante o 1º de maio o anarquista Benjamin Mota e o socialista Estevam Estrella foram detidos e o projeto não teve prosseguimento.[174]

A partir de 1900, as atividades socialistas concentraram-se em torno da Liga Democrática Italiana e do jornal *Avanti!*, publicado por um grupo oriundo da classe média intelectual. Esse jornal

---

171 MARAM, Sheldon Leslie. *Anarquistas, imigrantes e movimento operário brasileiro (1890-1920)*, p. 109.

172 GITAHY, Malu. Porto de Santos – 1888-1908. In: PRADO, Antonio Arnoni. (org.), *Libertários no Brasil: memórias, lutas, cultura*, Brasiliense, São Paulo, 2ª ed., 1987, p. 76.

173 MARAM, Sheldon Leslie. *Anarquistas, imigrantes e movimento operário brasileiro (1890-1920)*, p. 109.

174 SEIXAS, Jacy Alves de. *Mémoire et oubli – Anarchisme et syndicalisme révolutionnaire au Brésil: mythe et histoire*, p. 70, 74.

surgiu no momento em que foram deflagradas as primeiras greves nas indústrias têxteis e os socialistas foram os primeiros a fazerem esforços no sentido de organizar um sindicato composto da categoria de trabalhadores.[175] O italiano Alceste de Ambrys,[176] diretor do jornal, foi forçado a retornar à Itália devido a um processo que o conde Matarazzo havia intentado contra ele. Convidou o intelectual Antonio Piccarolo[177] para assumir a direção do jornal.

Antonio Piccarolo chegou ao Brasil em março de 1904 e dirigiu o jornal até dezembro de 1905, quando deixou suas funções de diretor. Em janeiro de 1906, passou a publicar se próprio jornal, *Il Seccolo*, iniciando uma longa disputa com os socialistas do *Avanti!*. Estes exigiram a expulsão de Antonio Piccarolo do Partido Socialista Italiano, em 1908, mas o partido o reputou digno de pertencer a suas fileiras. Do manifesto de fundação do Centro Socialista Paulistano, em 1908, resultou *O socialismo no Brasil*, uma obra cujas ideias são muito mais moderadas do que as do grupo do jornal *Avanti!*. Considerado dentro da bibliografia

---

175 FAUSTO, Boris. *Trabalho urbano e conflito social*, p. 99, 102.
176 Alceste de Ambrys, fundador do jornal *Avanti !* no Brasil em 1900, foi o líder sindicalista de uma grande greve rural ocorrida na província de Parma (Itália) em maio-junho de 1908. Crítico da atuação da Itália na Líbia, foi deputado em 1913. Foi chefe de gabinete de D'Annuzio e procurou aproximá-lo do movimento de esquerda italiano, afastando-se e opondo-se a ele em 1920, quando o fascismo se mostrou reacionário. HECKER, Alexandre. *Um socialismo possível. A atuação de Antonio Piccarolo em São Paulo*, T. A. Queiroz, São Paulo, 1989, p. 17.
177 Antonio Piccarolo, nascido em 1863 no Piemonte (Itália), era doutor em literatura, filosofia e direito pela Universidade de Tourraine, jornalista e professor. Em 1892, participou da criação do Partido dos Trabalhadores Italianos, posteriormente chamado de Partido Socialista Italiano. Autor de diversas obras, exerceu atividades comerciais e políticas diversas no Brasil. HECKER, Alexandre. *Um socialismo possível. A atuação de Antonio Piccarolo em São Paulo*, p. 6, 12.

sobre o movimento operário brasileiro como uma figura importante do socialismo brasileiro no início do século XX, Antonio Piccarolo entreteve relações políticas bastante turbulentas com os dirigentes do movimento operário, notadamente com a FOSP. Seu interesse pela colônia italiana em São Paulo aproximou-o da burguesia italiana local e dos órgãos de poder brasileiros e ele chegou a redigir e editar um material de propaganda intitulado *O desenvolvimento industrial de São Paulo*, no qual exaltava os industriais italianos que haviam se instalado na cidade.[178] Como Piccarolo nunca deixou de se auto proclamar socialista, Alexandre Hecer, autor de um livro sobre o intelectual, define-o como um "socialista capitalista".[179]

Evaristo de Moraes foi, igualmente, uma figura difícil de classificar entre socialista reformista ou simplesmente reformista. Advogado de prestígio, prestou serviços gratuitamente a vários grupos de militantes e de trabalhadores, incluindo anarquistas, aos quais se opunha ideologicamente. Admirador de Rui Barbosa, apoiou sua candidatura nas eleições presidenciais de 1910 e de 1919, quando o ajudou a preparar seu discurso sobre a questão social. Participou da fundação de associações operárias e de partidos socialistas. Em 1918, defendeu o célebre líder anarquista Edgard Leuenroth e obteve sua absolvição.[180]

O segundo congresso socialista realizou-se em maio de 1902. As organizações operárias do Rio de Janeiro não foram aceitas pela

---

178 HECKER, Alexandre. *Um socialismo possível. A atuação de Antonio Piccarolo em São Paulo*, p. 10-12.

179 HECKER, Alexandre. *Um socialismo possível. A atuação de Antonio Piccarolo em São Paulo*, p. 148.

180 MARAM, Sheldon Leslie. *Anarquistas, imigrantes e movimento operário brasileiro (1890-1920)*, p. 112.

organização do evento, pois não lhe havia sido concedido o status de socialista.[181] Os 44[182] delegados que dele participaram elaboraram um estatuto de um partido socialista cuja inspiração, segundo Boris Fausto, vinha de três fontes: do *Manifesto comunista*, do reformismo de origem europeia e do programa do Partido Socialista Argentino. A introdução do estatuto oscilava entre a defesa do marxismo e a de um partido democrático, que incluísse diferentes classes sociais. Desse modo, ainda que toda a primeira parte fosse inspirada pelo *Manifesto comunista*, seguia-se um discurso onde o "[...] reformismo de origem europeia se funde com os estereótipos da grandeza geográfica da pátria e do caráter brasileiro."[183] O programa do partido propriamente dito era, *grosso modo*, uma reprodução daquele do Partido Socialista Argentino.[184] Todas as reivindicações passavam pelo Estado: reconhecimento dos direitos da classe operária (jornada de oito horas de trabalho, limitação do trabalho de mulheres e menores de idade etc.) revogação dos artigos que limitavam o direito

---

181 SEIXAS, Jacy Alves de. *Mémoire et oubli – Anarchisme et syndicalisme révolutionnaire au Brésil: mythe et histoire*, p. 44.

182 Vinham majoritariamente de São Paulo, mas também de outros estados: Pará, Pernambuco, Paraíba, Minas Gerais, Paraná, Rio Grande do Sul. LINHARES, Hermínio, *Contribuição à história das lutas operárias no Brasil*, Alfa-Ômega, São Paulo, 2ª ed., 1977, p. 43. A ata das discussões foi publicada em cinco línguas: português, italiano, espanhol, alemão e francês. LÖBE, Paul. Brésil: Le 2ᵉ congrès du Parti socialiste brésilien. In: *Le Mouvement Socialiste*, 1º de setembro de 1902, nº 103 p. 1580.

183 FAUSTO, Boris. *Trabalho urbano e conflito social*, p. 100, 101.

184 Segundo S. L. Maram, contudo, o Partido Socialista Brasileiro foi criado de acordo com as bases do Partido Socialista Italiano, uma vez que grande parte dos delegados de São Paulo eram de origem italiana. MARAM, Sheldon Leslie. *Anarquistas, imigrantes e movimento operário brasileiro (1890-1920)*, p. 109.

de greve e a ação das associações operárias, reformas institucionais (divórcio, ensino laico e gratuito etc.).[185] Entre os livros recomendados para o estudo do socialismo, encontravam-se: *O Capital*, de Karl Marx, *Socialismo utópico e socialismo científico*, de Friedrich Engels, *O Manifesto comunista*, de ambos os autores, *O socialismo integral* e *Compêndio do socialismo*, de Benoît Malan, *História do socialismo*, de Jean Jaurès e *O Socialismo e a ciência positiva*, de Enrico Ferri. O jornal *Avanti!* foi o órgão oficial do novo Partido Socialista Brasileiro, também denominado Centro Socialista Internacional e, de hebdomadário, passou a uma tiragem cotidiana, sendo publicado até o final da década de 1920.[186]

Em outubro do mesmo ano, em consequência da fundação do Partido Socialista Brasileiro, um grupo de socialistas do Rio de Janeiro criou o jornal *A Gazeta Operária*, cuja meta era defender e divulgar o programa do partido. O grupo de lideranças socialistas percebia-se como uma elite política e intelectualmente esclarecida, que propunha aos trabalhadores um projeto libertador.[187] Segundo sua concepção de processo histórico, o socialismo estava em curso por uma evolução política natural, o que não excluía a necessidade de organizar-se em associações, apoiar greves e obter, do sistema político em vigor, o maior número possível de vantagens. Era necessário, dentro de uma perspectiva evolutiva, reafirmar os interesses

---

185 Fausto, Boris. *Trabalho urbano e conflito social*, p. 101.
186 Hecker, Alexandre. *Um socialismo possível. A atuação de Antonio Piccarolo em São Paulo*, p. 120.
187 Gomes, Angela de Castro. *A invenção do trabalhismo*, p. 70.

e lutar pelas bandeiras dos trabalhadores diante da República e dos setores dominantes.[188]

Em 1906, no primeiro congresso operário, as teses defendidas pelos socialistas foram vencidas por aquelas defendidas pelos anarquistas. Todavia, os socialistas não deixaram de buscar formar associações e partidos, objetivando a participação eleitoral. Em 1908, houve nova tentativa de criar um partido socialista no Rio de Janeiro, a fim de participar das eleições da Câmara dos deputados e de um terço do senado. Os resultados eleitorais, no entanto, foram nulos.[189] Os candidatos apoiados pelos socialistas eram os que defendiam os direitos dos trabalhadores, como Nicanor Nascimento e Mauricio Lacerda.[190]

Os esforços com vistas a constituir um partido socialista continuaram durante as duas primeira décadas do século XX, mas nenhum projeto conseguiu impor-se. Em maio de 1917, no Rio de Janeiro, um grupo de jovens estudantes e intelectuais fundaram o Partido Socialista do Brasil, de orientação claramente reformista.[191] Esse partido, que teve uma existência precária até 1919, publicava o jornal *Folha*

---

188 GOMES, Angela de Castro. *A invenção do trabalhismo*, p. 71-73.
189 Tratava-se, mais uma vez, de uma tentativa levada a cabo por reformistas: Mariano Garcia, Hermes Olinda e Melchior Pereira Cardoso. GOMES, Angela de Castro. *A invenção do trabalhismo*, p. 119, 120.
190 GOMES, Angela de Castro. *A invenção do trabalhismo*, p. 119. Advogado, Nicanor Nascimento integrou a Câmara em 1911. Era ligado aos extratos intermediários e populares e fez parte do grupo *Clarté*, em 1921. Originário de uma família tradicional de Vassouras (RJ), Mauricio Lacerda era advogado. Apoiou a candidatura do marechal Hermes da Fonseca em 1909. Eleito deputado em 1912, defendeu um sindicalismo autônomo e combativo. FAUSTO, Boris. *Trabalho urbano e conflito social*, p. 225, 226.
191 A direção do Partido Socialista do Brasil era composta por: Nestor Peixoto de Oliveira, Isaac Isecksohn, Toledo de Loyola, Murilo Araújo, Jose Kóski, Francisco Santos, Cândido Costa, Alonso Costa et Francisco

Nova, depois substituído por *Tempos Novos*, e recebeu frequentes críticas dos anarquistas, devido ao seu caráter não revolucionário.

O movimento socialista no Brasil da Primeira República ficou restrito a algumas organizações de reduzida presença nos meios populares, sem projeto integrado.[192] Porém, sua importância reside na preocupação em criar um instrumento de luta cujo raio de ação fosse mais estendido do que o dos sindicatos: o partido político. Naquele momento, o mais importante para eles era estabelecer um programa mínimo democrático, fazer pressão sobre o Estado para obter a extensão da cidadania social e política e, enfim, incluir a classe operária no cenário político nacional.[193] Contudo, na sociedade brasileira passagem do século XIX ao XX, o sistema político em vigor oferecia uma margem extremamente reduzida às reformas sociais e à participação política das classes populares. Ademais, o movimento operário, muito fraco, pouco mobilizado, não constituía uma força capaz de forçar o Estado a aceitar o papel de moderador de um partido reformista, fosse ele socialista o ou não.[194]

Leite. BANDEIRA, Muniz; MELO, Clovis; ANDRADE, A. T. *O ano vermelho: a Revolução e os reflexos no Brasil*, p. 157, 158.

192 FAUSTO, Boris. *Trabalho urbano e conflito social*, p. 97. Os partidos, na realidade, reduziam-se a agrupamentos políticos regionais, muito limitados em termos numéricos e de ação política. CARONE, Edgard. *Movimento operário no Brasil (1877-1944)*, Difel, São Paulo, 1979, p. 19.

193 FAUSTO, Boris. *Trabalho urbano e conflito social*, p. 102.

194 FAUSTO, Boris. *Trabalho urbano e conflito social*, p. 103.

III. O socialismo na França e no Brasil: contatos

Se na virada do século as ideias socialistas espalharam-se pelos quatro cantos do mundo, seu centro permanecia dentro dos limites das fronteiras europeias. Era a esse centro, matriz da doutrina socialista, que os militantes socialistas de diversos países deviam dirigir-se para se fazer conhecer e para estabelecer laços que fortalecessem o socialismo internacional.

A França e a Alemanha ocupavam então um espaço privilegiado dentro daquilo que se poderia chamar a cultura socialista. A Alemanha havia posto ao serviço da doutrina socialista um partido forte, unificado e disciplinado. A França era o país da revolução, que havia derrubado um sistema (o absolutismo) para instaurar um outro (a República), introduzindo na ordem dos fatos a ideia de ruptura histórica: "Até 1789, o socialismo – em seus esboços – havia sido sonhado. Ora, foi durante a Revolução Francesa que o socialismo de imaginação tornar-se-á um socialismo de ação."[1] Foi graças à Revolução Francesa que o socialismo alçou seu estatuto de utopia para o de possibilidade real.

Imbuídos do desejo de estabelecer contatos com as fontes doutrinárias do movimento socialista, os militantes brasileiros enviaram relatórios à II Internacional e cartas a revistas francesas e receberam, em seu país, o célebre tribuno Jean Jaurès.

---

1 WINOCK, Michel. *Le socialisme en France et en Europe (XIXe-XXe siècles)*, p. 22.

7. O Brasil, a Segunda Internacional e a *Encyclopédie Socialiste*

Embora pouco representativos no Brasil, os socialistas fizeram esforços para estabelecer relações com a Internacional Socialista. Estavam atentos aos movimentos de seus companheiros europeus, sobretudo porque a matriz de sua ideologia provinha do velho continente. Dois relatórios foram enviados pelas organizações socialistas brasileiras a congressos da Segunda Internacional Socialista: o primeiro foi expedido pelo Partido Operário Brasileiro[2] ao congresso de Zurique, em agosto de 1893 e o segundo foi enviado pela Associação Geral dos Operários de São Paulo para o congresso de Londres, em julho de 1896.[3]

Embora a presença de italianos, sobretudo entre os socialistas, fosse muito significativa, e as ligações entre esses militantes e o Partido Socialista italiano fossem estreitos, os relatórios brasileiros chegaram aos congressos da Internacional através de imigrantes alemães. Ambos os relatórios foram escritos por militantes de origem alemã, em sua língua materna, e enviadas a seus compatriotas de ultramar.[4]

---

2 Fundado pelo primeiro congresso socialista, em agosto de 1893, no Rio de Janeiro.

3 Ambos os relatórios são reproduzidos no artigo de HAUPT, Georges. *Militants sociaux-démocrates allemands au Brésil (1893-1896)*. In: *Le Mouvement social*, julho-setembro de 1973, n° 84, Les éditions ouvrières, p. 47-61.

4 Aparentemente os imigrantes alemães mantinham contatos importantes com os socialistas de seu país. Seria necessário aprofundar as pesquisas sobre a influência da colônia alemã no movimento socialista

Em 1912, dois anos antes da guerra, Compère-Morel publicou, na França, uma grande obra de referência sobre o socialismo, a *Encyclopédie socialiste*, cujo último volume, *Le Mouvement Socialiste International*, tomou como base os relatórios enviados à Internacional pelos socialistas de diversos países.

A. O relatório do Partido Operário do Brasil no Congresso de Zurique (1893)

O primeiro informe foi enviado ao líder socialista Wilhelm Liebknecht e assinado pela comissão executiva do Partido Operário Brasileiro,[5] que se anunciava como o representante dos socialistas do Brasil. O documento continha o estatuto do novo partido acompanhado de um "breve relatório sobre as características fundamentais do movimento operário nessa parte da América do Sul".[6] O relatório divide-se em duas partes: uma primeira, que descreve de maneira vaga e confusa o percurso do movimento operário no Brasil e uma segunda, acompanhando a reprodução do estatuto do novo partido, que trata do movimento socialista após sua criação.

---

brasileiro para compreender por que as iniciativas de enviar relatórios à Internacional não tiveram prosseguimento.

5 A comissão era composta por: José Winiger, August Lux, Otto Bendix e Nikolaus Schneider. "Rapport de la Commission exécutive du Parti ouvrier du Brésil à présenter au congrès socialiste international de Zurich, 1983. In: HAUPT, Georges. *Militants sociaux-démocrates allemands au Brésil (1893-1896)*, p. 57.

6 Rapport de la Commission exécutive du Parti ouvrier du Brésil à présenter au congrès socialiste international de Zurich, 1983. In: HAUPT, Georges. *Militants sociaux-démocrates allemands au Brésil (1893-1896)*, p. 52.

Os autores começam por afirmar que a ideia socialista no Brasil era embrionária e explicam que o país é muito jovem. Fazem referência a um "primeiro movimento operário", surgido em 1870, caracterizado como tímido e inconstante, cujos dirigentes eram mais políticos do que operários, mas não citam nenhum nome. Em seguida, tratam de um novo movimento, surgido com a proclamação da República, sem tampouco identificá-lo. O único partido mencionado pelo documento é o Partido Operário – aparentemente aquele criado por Luiz França e Silva em 1890. Esse partido é considerado responsável, segundo o relatório, pela difusão das ideias socialistas na imprensa e pela organização do congresso socialista.

A segunda parte oscila entre um otimismo entusiasta: "Desde então, a ideia socialista lançou raízes; é hoje bastante disseminada graças à luz emitida pelo novo órgão do Partido operário, *O Socialista*" e o abatimento causado pelas dificuldades encontradas para organizar os trabalhadores: "Há uma penúria sensível de jornais socialistas capazes de anunciar nossa ideia a todos os trabalhadores que, não conhecendo os ensinamentos socialistas, não possuem convicção nem firmeza quando aderem às organizações operárias".[7] Como os trabalhadores eram poucos a engajar-se, sua contribuição financeira era reduzida, o que fazia com que o partido socialista não possuísse os meios financeiros de propagar a doutrina socialista.

A ideia de uma evolução histórica está presente no texto: o Brasil é visto como um país "jovem" e o socialismo nesse país encontrar-se-ia ainda no estágio "infantil", posto que a proclamação

---

7   Rapport de la Commission exécutive du Parti ouvrier du Brésil à présenter au congrès socialiste international de Zurich, 1983" In: HAUPT, Georges. *Militants sociaux-démocrates allemands au Brésil (1893-1896)*, p. 56.

da República era interpretada como uma revolução burguesa. Ainda que as etapas históricas a seguir fossem comuns a todas as sociedades, as diferenças de duração e de intensidade eram possíveis: "Se possuíssemos os meios de propagar nossa ideia, o socialismo, ainda no estágio infantil em nosso país, poderia obter a vitória mais rápido que em qualquer outro país."[8] O relatório termina reafirmando os objetivos dos autores: a conquista dos direitos dos trabalhadores e a revolução social.[9]

No dia 15 de agosto de 1894, um ano após o congresso socialista de Zurique, realizava-se em São Paulo, uma conferência socialista que aprovou as resoluções adotadas no congresso da Internacional, incluindo a de fazer do 1º de maio um dia de luta dos trabalhadores.[10]

B. O relatório da Associação Geral dos Operários de São Paulo no Congresso de Londres (1896)

O congresso da Internacional reunido em Londres, em 1896, recebeu outro informe dos socialistas brasileiros. Dessa vez a

---

[8] Rapport de la Commission exécutive du Parti ouvrier du Brésil à présenter au congrès socialiste international de Zurich, 1983. In: HAUPT, Georges. *Militants sociaux-démocrates allemands au Brésil (1893-1896)*, p. 56.

[9] O que eles entendiam por "revolução social" não está explicitado no texto.

[10] Essa conferência, entretanto, foi realizada após a primeira tentativa de organização do 1º de maio no Brasil, em 1894. No ano seguinte, a data foi celebrada pela primeira vez no Brasil pelos socialistas do Centro Socialista de Santos. Rapport de la Commission exécutive du Parti ouvrier du Brésil à présenter au congrès socialiste international de Zurich, 1983. In: HAUPT, Georges. *Militants sociaux-démocrates allemands au Brésil (1893-1896)*, p. 50.

expedidora era a Associação Geral dos Operários de São Paulo.[11] Os autores enunciam claramente que seu ponto de vista era o de pessoas estrangeiras: "Queremos tentar descrever, brevemente, a situação econômica e política do Brasil e a posição do movimento operário nesse país tanto quanto podemos tratá-la". Efetivamente, não estavam ainda totalmente integrados em sua nova pátria: "raros são, entre nós os que falam suficientemente o português".[12]

A fim de explicar a fraqueza do movimento operário no Brasil, os autores falam da influência da escravidão sobre a mentalidade do povo brasileiro e da consequente apatia que provocava: "O povo, no sentido próprio do termo, não participa em nada do desenvolvimento. Não contribuiu a transformar a monarquia em República [...] Não exerce atualmente nenhuma influência sobre o governo".[13] Assim, o poder era abandonado às "classes possuidoras" que, no país seriam representados pelos fazendeiros. Os grandes proprietários de terra possuíam as riquezas, a exclusividade da educação superior e a máquina governamental. O relatório segue fazendo uma descrição do sistema fiscal, da situação econômica dos trabalhadores agrícolas e da dos operários. A comparação dos preços e

---

11 A associação era composta pelo grupo *Allgemeiner Arbeiterverein*, fundado no dia 18 de julho de 1895. Foi um dos grupos que integrou o Partido Democrata-Socialista, em 1896. SEIXAS, Jacy Alves de. *Mémoire et oubli – Anarchisme et syndicalisme révolutionnaire au Brésil: mythe et histoire*, p. 74.

12 Rapport de l'Association générale des ouvriers de São Paulo au congrès international ouvrier de Londres, juillet 1896. In: HAUPT, Georges. *Militants sociaux-démocrates allemands au Brésil (1893-1896)*, p. 61.

13 Rapport de l'Association générale des ouvriers de São Paulo au congrès international ouvrier de Londres, juillet 1896. In: HAUPT, Georges. *Militants sociaux-démocrates allemands au Brésil (1893-1896)*, p. 57.

do poder de compra dos trabalhadores é sempre efetuada em relação à realidade alemã.

Uma análise precisa da situação política e econômica do país contrasta com certo desprezo pela população local: "Pode-se imaginar a que ponto esse povo, frugal no mais alto nível, destituído de qualquer ideia dos progressos da civilização é fácil... de governar".[14] No entanto, essa situação é explicada pela submissão do povo, depois de longo tempo, a um "clero despótico" e ao regime de escravidão. Em um país de contrastes, onde ao lado de "restos de barbárie" coexistiriam "aspectos extremamente modernos", o movimento operário só poderia ser modesto. Nesse ponto, a comparação, mais uma vez, se faz presente: "ao menos de acordo com as concepções europeias".[15] Porém, se as condições de difusão das ideias do socialismo eram difíceis, as esperanças não faltavam. Entre outras iniciativas nesse sentido, a comemoração do 1º de maio em 1895 em várias cidades, mostraria que "mesmo no Brasil, a luz se faz aos poucos e que as ideias libertadoras do socialismo encontram cada vez mais adeptos".[16]

A documentação que relaciona os esforços socialistas no Brasil à Segunda Internacional cessa em 1896. Contudo, no início de 1919, militantes do Partido Socialista Brasileiro pretendiam tomar as medidas necessárias para inscrever-se ao Birô Internacional

---

14 Rapport de l'Association générale des ouvriers de São Paulo au congrès international ouvrier de Londres, juillet 1896. In: HAUPT, Georges. *Militants sociaux-démocrates allemands au Brésil (1893-1896)*, p. 58.

15 Rapport de l'Association générale des ouvriers de São Paulo au congrès international ouvrier de Londres, juillet 1896. In: HAUPT, Georges. *Militants sociaux-démocrates allemands au Brésil (1893-1896)*, p. 60.

16 Rapport de l'Association générale des ouvriers de São Paulo au congrès international ouvrier de Londres, juillet 1896. In: HAUPT, Georges. *Militants sociaux-démocrates allemands au Brésil (1893-1896)*, p. 57.

Socialista, integrando-se à Segunda Internacional. Evidentemente a iniciativa não foi coroada de sucesso. A Segunda Internacional não havia sobrevivido à Primeira Guerra e, em março de 1919, ocorreria o primeiro congresso da III Internacional, já em um contexto bastante diverso.[17]

C. O Brasil na *Encyclopédie Socialiste*

A *Encyclopédie Socialiste*, organizada por Compère-Morel em 1912, foi um esforço de vulgarização do socialismo. O intuito dessa obra composta de doze volumes era apresentar o pensamento socialista e o desenvolvimento da ação operária aos militantes e aos propagandistas do socialismo.[18] A tarefa de escrever um volume sobre a situação do socialismo nos diversos países, foi incumbida a Jean Longuet.[19] A intenção anunciada por Compère-Morel na introdução

---

17 BANDEIRA, Muniz; MELO, Clovis; ANDRADE, A. T. *O ano vermelho: a Revolução e os reflexos no Brasil*, p. 157.

18 COMPÈRE-MOREL. *Encyclopédie socialiste syndicale & coopérative de l'Internationale Ouvrière*, Aristide Quillet, Paris, t. I, Un peu d'histoire (Origines, doctrines et méthodes socialistes), 1912, p. 1.

19 Jean Longuet (1876-1938), filho do *communard* Charles Longuet e de Jenny Marx, era neto de Karl Marx. Interessou-se muito cedo pelas questões internacionais: em 1896, em Londres, com 20 anos de idade, participou de seu primeiro congresso da Internacional. Foi membro do POF, que abandonou durante o *affaire* Dreyfus, apoiando as posições de Jean Jaurès. Em 1899, fundou, com Hubert Lagardelle, *O Mouvement Socialiste*, mas colaborou também com *La Revue Socialiste*, *La Petite République*, *L'Humanité*, *Le Courrier Européen* entre outras publicações. Em 1903 rompeu com Lagardelle e alinhou-se com a ala mais à esquerda do PSF, o partido de Jean Jaurès. Em 1913 redigiu o volume *Le Mouvement Socialiste Iinternational*, na enciclopédia coordenada por Compère-Morel. Foi deputado da Seine (1914 e 1932) e prefeito de

do volume – a de oferecer o máximo de detalhes possível sobre a ação parlamentar, política, sindical e cooperativa em cada país – foi consideravelmente limitada, em certos casos, por falta de dados.[20] Desse modo, no capítulo sobre o socialismo na América Latina, Jean Longuet não dedicou mais do que uma ou duas páginas a cada país, com a exceção da Argentina, filiada à Internacional e possuidora de um importante movimento socialista, que mereceu sete páginas. A região latino-americana é representada pelo México, pelas Antilhas (Cuba e Porto Rico) e, na América do Sul, pelo Brasil, pelo Uruguai, pela Argentina e pelo Chile. Nos textos dedicados a esses quatro países, o autor começa sempre por fornecer sua extensão territorial e seu número aproximado de habitantes. Em seguida, faz um resumo sobre a situação política do país e suas organizações socialistas.

Na introdução do capítulo, Jean Longuet analisa brevemente o estado econômico da América Latina. O tema era caro aos socialistas na virada do século, pois acreditavam que o movimento revolucionário ocorreria nos países mais industrializados, onde o capitalismo teria atingido um grau mais elevado de desenvolvimento.[21] Nesse sentido, a situação latino-americana não era muito promissora: "De

---

Châtenay-Malabry (1929 e 1935). Representou a SFIO no comitê executivo da Internacional Operária Socialista, criada em 1923 em oposição à III Internacional. Morreu em 1938, após um acidente de carro. Verbete "Jean Longuet". In: MAITRON, Jean (org.). *Dictionnaire biographique du mouvement ouvrier français, 1914-1939. De la Première Guerre à la Seconde Guerre mondiale*, p. 41-48.

20 COMPÈRE-MOREL. Le Mouvement Socialiste international in Encyclopédie socialiste syndicale & coopérative de l'Internationale Ouvrière, Aristide Quillet, Paris, t. XII, 1913, p. IV.

21 DROZ, Jacques. Conclusion. In: DROZ, Jacques (org.). *Histoire générale du socialisme,,* p. 644

uma maneira geral, as condições econômicas são muito atrasadas na maior parte dessas repúblicas. Apenas na Argentina, no Chile, no México e no Brasil encontra-se um desenvolvimento capitalista, aglomerações urbanas significativas, uma indústria que começa a crescer e um proletariado que se constitui e toma gradualmente consciência de si mesmo".[22]

Todavia, a região tendia, segundo o autor, a evoluir rapidamente. Os Estados Unidos, a "grande república *yankee*", procuravam novos campos de expansão, o que permitiria, em um futura próximo, uma transformação econômica da América Latina, que a levaria a um alto grau de desenvolvimento econômico e social. A ambiguidade desses termos reside no fato de que o desenvolvimento do capitalismo é percebido de uma maneira positiva, ainda que a doutrina socialista visasse à destruição desse sistema, o que se explica pela visão etapista da doutrina socialista do século XIX.

Sobre o Brasil, Jean Longuet foi breve. Descreve-o como um país imenso, essencialmente agrícola, rico em recursos naturais. Trata do movimento socialista como algo reduzido a grupos de imigrantes de origem italiana e alemã. É difícil saber se não contabilizava os reformistas brasileiros entre os "verdadeiros" socialistas ou se os ignorava. A segunda hipótese é a mais provável, posto que o autor parece ter um conhecimento bastante limitado da realidade social do país. Afirma, por exemplo, que ao lado da população brasileira, havia "um grande número de italianos no estado da Bahia e alemães no estado

---

22 LONGUET, Jean. "Le Mouvement Socialiste international. In: MOREL-COMPÈRE, *Encyclopédie socialiste syndicale & coopérative de l'Internationale Ouvrière*, p. 611.

de São Paulo".²³ É verdade que a imigração alemã em São Paulo foi significativa. No entanto, a maioria da classe operária era composta por italianos e não por alemães. Além disso, o autor cita como exemplo de jornais socialistas o *Avanti!*, publicado na Bahia e o *Vörwaerts*, publicado em São Paulo. De fato o jornal socialista mais importante era o *Avanti!*, mas era publicado por italianos em São Paulo, e não na Bahia. Ademais, era em São Paulo que o movimento operário era o mais importante e foi lá também que ocorreu o primeiro congresso socialista, em 1902. Do Rio de Janeiro o autor limita-se a afirmar que não se podia encontrar nessa cidade mais do que certo número de sindicatos e um embrião de movimento socialista. A questão que se impõe é a de saber quais foram as fontes utilizadas. De acordo com o que é indicado na enciclopédia, trata-se dos relatórios apresentados na Segunda Internacional, mas curiosamente nenhum informe brasileiro é mencionado. De qualquer modo, Jean Longuet não parece tê-los lido, pois não faz nenhuma menção ao congresso socialista de 1892, nem aos órgãos de imprensa citados, como *O Socialista*.²⁴

Seja como for, as afirmações de caráter genérico, a incerteza de algumas informações e o pequeno espaço dedicado ao Brasil no volume sugerem ao mesmo tempo a fraqueza do movimento socialista nesse país e, se não a ausência, ao menos a escassez de contatos entre os socialistas brasileiros e os socialistas franceses. A impressão que

---

23 LONGUET, Jean. "Le Mouvement Socialiste international. In: MOREL-COMPÈRE, *Encyclopédie socialiste syndicale & coopérative de l'Internationale Ouvrière*, p. 611.

24 Alguém que lesse esses dois relatórios do final do século XIX teria uma visão muito limitada do movimento socialista no Brasil. Sobretudo considerando que entre o relatório brasileiro de 1896 e a publicação do volume da Enciclopédia dedicado ao movimento internacional, em 1913, 17 anos se passaram.

permanece é a de uma falta de comunicação. Aparentemente os dois grupos brasileiros que buscaram estabelecer laços com o socialismo internacional desconheciam-se mutuamente e nenhum deles foi lido por Jean Longuet. Todavia, a leitura das revistas socialistas francesas demonstra a ocorrência de outras iniciativas visando divulgar o movimento socialista no Brasil. Raras, é inegável, mas reveladoras de certa persistência. Afinal de contas, os militantes brasileiros procuravam um reconhecimento internacional ou, talvez, a aprovação de seus "irmãos mais velhos".

8. O Brasil visto pela imprensa socialista francesa

A imprensa ocupava uma posição privilegiada dentro da cultura socialista francesa na virada do século. Seu papel ia além da difusão e da promoção das teorias e debates socialistas. Jornais e revistas socialistas constituíam espaços de sociabilidade e de debate, locais nos quais se afirmava a identidade de diversos grupos de intelectuais. Suas atividades e a importância política desses grupos poderiam ser comparadas às de um sindicato, ou de um círculo de estudos.[25] É o caso do jornal *Le Socialiste* e das revistas *Le Mouvement Socialiste* e *La Revue Socialiste*.

Alguns aspectos são comuns a esses três periódicos: sua filiação às ideias socialistas, explícita em seus títulos; sua duração de vários anos, quando a existência de parte importante das publicações

---

25 REBÉRIOUX, Madeleine. Le socialisme français de 1871 à 1914, p. 167.

desse gênero limitava-se a alguns meses, às vezes semanas;[26] sua ligação com a personalidade do fundador – *La Revue Socialiste* era profundamente marcada por Benoît Malon, *Le Socialiste*, por Jules Guesde, e *Le Mouvement Socialiste* por Hubert Lagardelle –; a suspensão de sua publicação na véspera da guerra. Essas semelhanças não ofuscam, porém, o fato de que cada um deles estava ligado a uma corrente distinta do socialismo francês: o reformismo,[27] o marxismo e o sindicalismo revolucionário, respectivamente.

A preocupação com o internacionalismo, uma característica do movimento socialista na passagem do século, manifestava-se largamente nas publicações engajadas, nas quais certo espaço era reservado às questões internacionais.[28] No entanto, a América do Sul em geral e o Brasil, em particular, apareciam muito raramente nas páginas desses periódicos. Por que se falava tão pouco dos países latino-americanos? A resposta a essa pergunta parece bem simples. A crença de que o socialismo desenvolver-se-ia nos países mais industrializados mantinha a atenção dos intelectuais franceses voltadas para seu próprio continente no qual, aliás, o movimento socialista era mais desenvolvido. Ainda que estudar a maneira como essas publicações trataram do Brasil signifique

---

26 PROCHASSON, Christophe. *Les années électriques 1880-1910*. Paris: Editions la découverte, 1991, p. 188. De fato as dificuldades envolvidas na gestão de uma tal publicação eram consideráveis: falta de dinheiro, disputas ideológicas e pessoais, número reduzido de assinantes, problemas de ordem adiminstrativa etc.

27 "Nosso socialiso é, enfim, reformista." RENARD, Georges. Notre programme, *La Revue Socialiste*, maio de 1894, n° 113, p. 513.

28 JULIARD, Jacques. Le monde des revues au début du siècle. In: *Cahiers Georges Sorel*, 1987 n° 5, Les éditions ouvrières, p. 9.

estudar um número muito reduzido de artigos, vale a pena investigar como e quando falaram desse país.

A. Le Socialiste

Criado por Jules Guesde e Paul Lafargue,[29] *O Socialista* foi bastante marcado pela personalidade de seus fundadores.[30] Desde seu primeiro número, publicado no dia 29 de agosto de 1885, respondeu a sua vocação de órgão partidário: inicialmente do Partido Operário – que se tornou Partido Operário Francês em 1894 –, sem seguida

---

29 A propósito de Jules Guesde, ver a nota 10. Paul Lafargue (1842-1911), médico, conheceu Marx por ocasião de sua viagem a Londres, em 1865, tornando-se um ativo propagador de suas teorias. Foi um dos organizadores do primeiro congresso internacional de estudantes em Liège, ocorrido em outubro do mesmo ano. Integrou o Conselho Geral da Internacional como representante da Espanha, em 1866, e depois aderiu à seção francesa da AIT de Londres, que deixou pouco tempo depois. Em 1868, casou-se com Laura, filha de Marx. Três anos após, em 1871, integrou a lista dos membros da AIT candidatos às eleições municipais de 30 de abril, em Bordeaux, que adotaram o programa da Comuna de Paris. Militou no seio do Partido Operário e colaborou com diversas publicações: *L'Egalité, Le Socialiste, Le Devenir Social, Le Mouvement Socialiste, L'Humanité, Les Cahiers de la Quinzaine* etc. Participou da criação do POF em 1882, ao lado de Jules Guesde e, em 1901, da fusão que deu origem ao PSDF. Em 1905, com a unificação, entrou para a SFIO. Em 1911, Paul e Laura Lafargue, por não quererem passar pelas agruras da velhice, suicidaram-se juntos. Numerosas personalidades do socialismo francês e internacional assistiram ao enterro. Verbete "Paul Lafargue". In: MAITRON, Jean (org.). *Dictionnaire biographique du mouvement ouvrier français. 1871-1914 De la Commune à la Grande Guerre*, p. 167-170.

30 BESNARD, Thierry. *Le Socialiste (1885-1905): journal guesdiste*. Trabalho de conclusão de curso. Universdade Paris I, Orientação: Antoine Prost e Jacques Girault, 1981, p. 3, 10. *Le Socialiste* sucedeu outro jornal, *L'Egalité*, que circulou entre novembro de 1877 e fevereiro de 1883, também dirigido por Jules Guesde.

do Partido Socialista da França, em 1902 e, finalmente, da Seção Francesa da Internacional Operária, em 1905.[31] Assim, ao longo de sua existência, *Le Socialiste* foi uma espécie de boletim interno, cuja tarefa residia em formar e informar os militantes, assim como em servir de ligação entre eles, a direção do partido e outros grupos e federações: "Entre dois congressos anuais, *O Socialista*, numa época em que os deslocamentos [eram] longos, os contatos difíceis (o telefone ainda não popularizado), [era] o único meio de comunicar".[32]

Publicação semanal, *Le Socialiste* continha artigos doutrinários e notícias do movimento socialista francês e internacional.[33] Como a maior parte dos jornais do gênero, essa folha hebdomadária de quatro páginas possuía uma tiragem limitada e contava com poucos leitores. Por manter seu aspecto de jornal "interno", sua difusão era reduzida aos militantes do partido, sendo praticamente um "jornal confidencial".[34] Sua tiragem não ultrapassava a marca dos três mil exemplares.[35] Durante sua existência, *Le Socialiste* foi composto por

---

31 Os subtítulos o atestam: foi o "órgão do Partido Operário" na primeira (de agosto de 1885 a março de 1887) e na segunda séries (de junho de 1887 a fevereiro de 1888); "órgão central do Partido Operário" na terceira (de setembro de 1890 a março de 1895) e na quarta (de abril de 1895 a fevereiro de 1896) ; "órgão central do Partido Operário Francês" na quinta (de novembro de 1896 a fevereiro de 1897), depois (de julho de 1898 a dezembro de 1900) e na sexta (de janeiro de 1901 a outubro de 1902) ; "órgão central do Partido Socialista da França" na nova série (de outubro de 1902 a maio de 1905) e, finalmente, "órgão central do Partido Socialista, SFIO" na última série (de maio de 1905 a agosto de 1913). BESRNARD, Thierry. *Le Socialiste (1885-1905): journal guesdiste*, p. 15, 16.

32 BESRNARD, Thierry. *Le Socialiste (1885-1905): journal guesdiste*, p. 29.

33 BESRNARD, Thierry. *Le Socialiste (1885-1905): journal guesdiste*, p. 14.

34 BESRNARD, Thierry. *Le Socialiste (1885-1905): journal guesdiste*, p. 7.

35 BESRNARD, Thierry. *Le Socialiste (1885-1905): journal guesdiste*, p. 21, 22.

três tipografias diferentes: a tipografia do administrador da Déreere, a Imprensa Operária e a Imprensa Especial do Socialista.[36] Seu preço era bastante elevado em relação às outras publicações socialistas,[37] o que não o impedia, contudo, que estivesse frequentemente em uma situação deficitária.[38]

O espaço do jornal dedicado ao exterior, sob o seção "Movimento social no exterior", não era muito importante, ainda que a solidariedade internacional estivesse entre os valores da equipe editorial. Os artigos versavam no mais das vezes sobre os países industrializados, como a Inglaterra, a Alemanha, a Bélgica e os Estados Unidos.[39] Em 28 anos de publicação do *Socialista* – o primeiro número surgiu no dia 29 de agosto de 1885 e o último no dia 20 de julho de 1913 – o Brasil não apareceu mais do que quatro vezes, sendo que em duas dessas ocasiões os textos limitaram-se a uma ou duas linhas. Os artigos dedicados ao Brasil possuem um caráter meramente informativo. Espaçados de vários anos, não formam um conjunto coerente. As fontes das informações não são indicadas – com exceção do primeiro artigo, tomado do jornal *Le Prolétaire*, de Zurique – e os textos não assinados.[40] Ademais, nenhum comentário ou explicação era trasmitida pelos redatores na sequência das menções que forneciam aos leitores sobre o Brasil.

---

36 Besrnard, Thierry. *Le Socialiste (1885-1905): journal guesdiste*, p. 18.
37 Entre 1885 e 1905, *Le Socialiste* custava 10 centavos. Besrnard, Thierry. *Le Socialiste (1885-1905): journal guesdiste*, p. 62.
38 Besrnard, Thierry. *Le Socialiste (1885-1905): journal guesdiste*, p. 53.
39 Besrnard, Thierry. *Le Socialiste (1885-1905): journal guesdiste*, p. 72.
40 De acordo com Thierry Besnard, nas primeiras séries o anonimato era a regra. Besrnard, Thierry. *Le Socialiste (1885-1905): journal guesdiste*, p. 11.

Desconhecimento da realidade brasileira ou falta de interesse? Não há dados que possam provar uma hipótese ou outra, mas ambas são prováveis. *Le Socialiste* foi sempre um órgão de partido e a política socialista francesa na virada do século era bastante absorvente. As disputas entre as diversas correntes nas quais o movimento socialista dividia-se, deixavam algum espaço para as discussões internacionais, mas eram restritas aos países vizinhos. O socialismo mantinha-se, afinal, europeu e os redatores de *Le Socialiste* aparentemente não possuíam meios de saber o que se passava do outro lado do Atlântico.

Entretanto, os quatro artigos publicados sobre o Brasil testemunham certa vontade de tomar nota dos esforços socialistas de países longínquos. Uma carta de origem brasileira publicada no *Proletário* de Zurique e datada de 22 de novembro de 1890, chamou a atenção dos redatores do jornal. No dia 11 de fevereiro de 1891, reproduziram-na em seu periódico. A carta não é assinada e, aparentemente, não foi integralmente reproduzida. O autor seria um imigrante de origem alemã, ou suíça? Num país no qual a taxa de analfabetismo era extremamente elevada,[41] dificilmente um brasileiro escreveria uma carta em língua alemã. A menos, evidentemente, que a carta tivesse sido enviada em português e depois traduzida, mas essa hipótese parece bastante improvável. O texto expõe brevemente a dura situação dos trabalhadores no Brasil: "As condições estão longe de serem boas aqui. Tudo o que é necessário à vida aumenta de

---

41 Em 1891, 65 % da população adulta (pessoas acima de 16 anos) era analfabeta. JOFFILY, BERNARDO. *Brasil: 500 anos (Atlas Histórico do Brasil)*, p. 91.

preço, enquanto os salários permanecem os mesmos".[42] A imigração teria tornado mais difícil a condição do trabalhador, obrigado, além de tudo, a suportar a concorrência da mão de obra estrangeira. Se o autor da carta é um imigrante, já havia tomado suas distâncias em relação ao país de origem e às razões que o teriam levado a mudar de pátria, posto que o operário estrangeiro é visto como um instrumento de vingança dos patrões contra os dirigentes das greves.

Outra preocupação presente no documento diz respeito ao trabalho de menores, "explorados de maneira atroz". O autor espanta-se com o fato de que "Mesmo nos estabelecimentos do Estado garotos de oito e nove anos são empregados, não temos nenhuma lei que regulamente o trabalho infantil".[43] O artigo não trata da escravidão, mas poder-se-ia supor que esse gênero de prática era uma persistência do antigo regime. O assombro do autor mostra que, no momento que se segue à proclamação da República, os trabalhadores e os primeiros militantes do movimento operário brasileiro possuíam ainda certa ilusão sobre a posição que o Estado assumiria em relação aos trabalhadores. Ilusão que se apagaria após a forte repressão sofrida pelos mesmos após as primeiras greves. Em seguida, o texto trata da constituição de um partido operário no Rio de Janeiro, de vocação reformista: "O objetivo do partido é a união de todos os operários, a fim de conduzir a luta contra os capitalistas por todos os meios legais e conquistar a vitória".[44] Não se pode saber ao certo a qual partido o autor se refere, pois em 1890, no Rio de Janeiro, ao menos três partidos operários foram fundados, todos os

---

42 s.a. Rio-Janeiro, *Le Socialiste* 11 de fevereiro de 1891, n° 21.
43 s.a. Rio-Janeiro, *Le Socialiste* 11 de fevereiro de 1891, n° 21.
44 s.a. Rio-Janeiro, *Le Socialiste* 11 de fevereiro de 1891, n° 21.

três de tendência reformista. A carta menciona, ainda, a participação do partido nas eleições legislativas e a vitória do "chefe" do partido, assim como de outros quatro "candidatos burgueses", mas não cita nenhum nome. É muito provável que o "chefe" em questão seja o tenente da Marinha José Augusto Vinhaes, deputado da Câmara de 1890 a 1893, que se definia como deputado socialista.

Os temas abordados na carta são aqueles do movimento socialista brasileiro na passagem do século: as condições de trabalho, a imigração, as tentativas de criação de um partido socialista. Também estavam presente na declaração do segundo congresso socialista brasileiro, ocorrido em maio de 1902, publicado na edição de 3-10 de agosto de 1902, no *Socialista*, precedida por uma curta introdução: "O Partido Socialista Brasileiro adotou um programa local de reivindicações imediatas precedido de uma declaração cuja tradução reproduzimos aqui, não que seja excelente por si mesma, mas porque é a primeira vez que os socialistas do Brasil, que pertencem às nacionalidades mais diversas, [...] elaboram um programa definido."[45] O comentário a respeito dos socialistas brasileiros não primava pela simpatia, mas demonstrava, apesar disso, que o jornal nutria a preocupação de difundir as variadas iniciativas de construção de partidos socialistas. Ao nos perguntarmos sobre os meios que o jornal francês utilizou para ter acesso à declaração do segundo congresso socialista brasileiro, estamos reduzidos às hipóteses. O documento pode ter chegado às mãos dos redatores do *Socialiste* por intermédio de uma carta de algum militante brasileiro, mas também

---

45   s.a. Le Parti socialiste du Brésil, *Le Socialiste*, 3-10 de agosto de 1902, n° 83.

através de outras publicações socialistas europeias, notadamente a revista alemã *Die Neue Zeite*.[46]

É igualmente difícil conhecer a origem das duas linhas publicadas na edição de 30 de outubro de 1898, na qual se trata da candidatura do Partido Operário do estado do Rio Grande do Sul nas eleições municipais. O mesmo se aplica para a informação, fornecida por Angèle Roussel,[47] então responsável pela seção do movimento internacional, na edição de 6-13 de dezembro de 1908, segundo a qual doze socialistas haviam sido eleitos para a Câmara.[48] Essa última notícia é tão mais surpreendente por não haver nenhuma possibilidade de ser verdadeira. No Brasil, os deputados identificados com as lutas operárias eram bastante raros e, em 1908, os socialistas não haviam nem conseguido construir um partido político unificado. O desejo de ver o socialismo desenvolver-se em outras regiões estaria na origem desse mal-entendido? Não se pode saber. O fato é que essa informação sobre o Brasil era fragmentada e não mereceu nenhuma análise do jornal, fosse apressada ou atenta. Em resumo, o jornal *Le Socialiste*, com sua vo-

---

46 Nesse mesmo ano, Paul Löbe escreveu nessa revista o artigo "Die sozialistische Partei Brasiliens", *Die Neue Zeit*, XX, Bd 2, 1902, p. 524-530. Referência encontrada em Haupt, Georges. *Militants sociaux-démocrates allemands au Brésil (1893-1896)*, p. 47-61.

47 Angèle Roussel foi militante do POF, du PSDF e da SFIO, seguindo a evolução política do jornal com o qual colaborava, *Le Socialiste*. De 1907 a 1912, integrou o secretariado da SFIO. Após a guerra, deixou o Partido Socialista e abandonou completamente suas atividades políticas. Verbete "Angèle Roussel". In: Maitron, Jean (org.). *Dictionnaire biographique du mouvement ouvrier français. 1871-1914 De la Commune à la Grande Guerre*, p. 103.

48 Roussel, Angèle. Au Brésil, *Le Socialiste*, 6-13 de dezembro de 1908, n° 187.

cação de órgão partidário, manteve-se, na maior parte do tempo, estritamente reduzido aos limites europeus.

B. La Revue Socialiste

No dia 15 de junho de 1885, um grupo de intelectuais socialistas, à frente do qual se encontrava Benoît Malon,[49] fundava *La Revue Socialiste*. Publicada no dia 15 de cada mês, pelo preço de 18 francos por ano, a nova revista possuía como objetivo a criação de um "canteiro de trabalho comum a todos os socialistas de boa vontade, sem distinção de escola",[50] baseado nos princípios da liberdade e da igualdade republicanas. Esse espaço de estudo e de elaboração

---

49 Benoît Malon (1841-1893), filho de diaristas pobres, já trabalhava aos sete anos como pastor, depois como operário de tinturaria. Foi um autodidata de vasta cultura. Um dos fundadores da AIT na França, fez parte da delegação francesa que assistiu ao primeiro congresso da associação em Genebra, em setembro de 1866. Membro da Comuna de Paris, teve de se refugiar na Suíça, em julho de 1871, em seguida na Itália, em fevereiro de 1872. De volta à França após a anistia, integrou o POF. Em 1880, então muito próximo de Jules Guesde, fundou com ele *La Revue Socialiste*, que logo teve sua publicação suspensa. Em 1883, rompeu com os marxistas e em janeiro de 1885 retomou o projeto da revista. Foi seu diretor até sua morte, em setembro de 1893, devido a um câncer de garganta. O dia de seu falecimento coincidiu com a entrada, pela primeira vez, de aproximadamente cinquenta socialistas eleitos na Câmara. No dia 9 de novembro de 1913 um monumento em sua memória foi inaugurado no cemitério *Père-Lachaise*, em Paris. Verbete "Benoît Malon". In: MAITRON, Jean (org.). *Dictionnaire biographique du mouvement ouvrier français, 1864-1871. La Première Internationale et la Commune*, Paris: Les éditions ouvrières, 1970, p. 230-233. REBÉRIOUX, Madeleine. La Revue Socialiste. In: *Cahiers Georges Sorel*, n° 5, 1987, p. 17.

50 MALON, Benoît. Entrée en ligne, *La Revue Socialiste*, janeiro de 1885, n° 1, p. 1.

coletiva, de propaganda socialista, seria aberto a todos aqueles que quisessem trazer suas ideias de reforma e de transformações sociais, fosse qual fosse seu grupo político de origem.

Embora Benoît Malon tenha abandonado seu posto de diretor e de administrador de gerente da revista em 1893, por ocasião de seu falecimento, *La Revue Socialiste* permaneceu extremamente ligada à imagem e aos princípios de seu fundador. Cada um dos sucessores prestou-lhe homenagem no momento de assumir a tarefa: Georges Renard,[51] em maio de 1894 ; Gustave Rouanet,[52] em março de 1898 ;

---

51 Georges Renard (1847-1930), professor e escritor. Durante a Comuna foi secretário de Rossel, então delegado da guerra. Obrigado a refugiar-se em Genebra, foi professor no colégio de Vevey e na Faculdade de Letras de Lausanne. Anistiado em 20 de março de 1879, retornou à França, onde ocuparia, a convite de Millerand, a cátedra de História do Trabalho, criada no Conservatório Nacional de Artes e Ofícios. Em 1907, foi transferido para o Colégio de França. Autor de uma vasta produção literária e histórica, colaborou com diversos jornais e revistas, entre os quais *La Revue Socialiste*, que dirigiu de 1894 a 1898. Foi membro da SFIO e um dos fundadores do sindicato dos jornalistas socialistas, no dia 1º de maio de 1893, do qual foi presidente de 1928 até sua morte. Verbete "Georges Renard". In: MAITRON, Jean (org.). *Dictionnaire biographique du mouvement ouvrier français. 1871-1914 De la Commune à la Grande Guerre*, p. 24-26.

52 Gustave Rouanet (1855-1927), de origem bastante modesta, foi enviado, em 1875 para os batalhões da África, o que explica seu posterior interesse sobre as questões coloniais. Partidário de Dreyfus desde o início, Rouanet colaborou com publicações tais como *Le Cri du Peuple, La Petite République, La Lanterne, L'Humanité* e outros. Em 1885, fundou junto com Benoît Malon, *La Revue Socialiste*, que dirigiu entre 1898 e 1905. Em 1893, foi eleito deputado, abandonando a Câmara dos Vereadores de Paris, da qual fazia parte desde 1890. Foi membro do PSF, pelo qual foi eleito deputado em 1902. Mais tarde integrou a SFIO e, nessa legenda, foi reeleito em 1906 e em 1910. No momento da cisão, em dezembro de 1920, decidiu permanecer na SFIO. Pertenceu ao comitê de redação de

Eugène Fournière,[53] em janeiro de 1905. Desse modo, a revista manteve, durante anos, sua ligação com o socialismo, sua independência em relação aos partidos e seu caráter reformista.[54] A sobrevivência econômica e o gerenciamento dessa publicação de 100 a 120 páginas era assegurada pelo empresário e proprietário de vinhedos do Midi, Rodolphe Simon, devotado a Benoît Malon ao ponto de financiar a revista até sua morte, em dezembro de 1911.[55] As dificuldades enfrentadas pela revista foram numerosas. Entre elas, o déficit estrutural, tão conhecido, das publicações socialistas da

---

La Nouvelle Revue socialiste. Verbete "Gustave Rouanet". In: MAITRON, Jean (org.). *Dictionnaire biographique du mouvement ouvrier français. 1871-1914 De la Commune à la Grande Guerre*, p. 91-94.

53   Eugène Fournière (1857-1914), filho de uma família de modestos trabalhadores assalariados, foi aprendiz de ourives. Suas atividades sindicais acompanharam sua vida profissional: participou do sindicato de operários joalheiros, dos operários tipógrafos (1884) e de jornalistas socialistas. Em 1887 e 1896 foi eleito vereador de Paris pelo 18º *arrondissement*. Em 1898, foi eleito deputado de Aisne. Cooperativista, foi um dos fundadores na nova Bolsa de Cooperativas Socialistas e, em 1902, colaborou com o *Bulletin de la bourse socialiste*. Também escreveu para *L'Egalité, La Lanterne, Revue de l'Enseignement Primaire* e para *La Revue Socialiste*, cuja direção assumiu de 1905 até sua morte. Militou no PSF, criado em 1902, depois na SFIO, desde 1905. Dedicou seus últimos dez anos ao ensino: na Escola Livre de Altos Estudos Sociais (1889), na Escola Superior Profissional de Correios e Telégrafos (1903), na Escola Politécnica, no Conservatório de Artes e Ofícios (1905) e nas Universidades Populares. Verbete "Eugène Fournière". In: MAITRON, Jean (org.). *Dictionnaire biographique du mouvement ouvrier français. 1871-1914 De la Commune à la Grande Guerre*, p. 215-218.

54   REBÉRIOUX, Madeleine. La Revue Socialiste, p. 15-18.

55   REBÉRIOUX, Madeleine. La Revue Socialiste, p. 18.

época, tanto na França quanto em outros países.[56] A designação de Georges Renard à sucessão de Benoît Malon foi vivida pelos membros da revista[57] como uma imposição do proprietário, Rodolphe Simon. Contudo, Georges Renard instalou-se na direção da revista até março de 1898, quando Gustave Rouanet assumiu o cargo. Quando Eugène Fournière o sucedeu, em janeiro de 1905, *La Revue Socialiste* estava mergulhada em uma situação financeira bastante delicada. Além das dificuldades de ordem financeira, a publicação passou por problemas administrativos. Seguiram-se diversos secretários de redação, mas nenhum possuía nem o tempo, nem a disponibilidade de assumir essa tarefa, entretanto fundamental ao bom funcionamento da revista. Em 1910, seu preço anual foi reduzido para doze francos e operou-se a fusão com *La Revue Socialiste, syndicaliste et coopérative* de Albert Thomas,[58] em uma tentativa de atrair

---

56 De acordo com uma carta enviada por Bernstein a Fournière em janeiro de 1910: "A história das revistas socialistas foi, em todos os países, mesmo aqui na Alemanha, onde temos nossas grandes organizações operárias, uma luta reazoavelmente dura pela existência." *Apud* REBÉRIOUX, Madeleine. La Revue Socialiste, p. 27.

57 Durante a doença de Benoît Malon um comitê de direção cuidou da revista.

58 Albert Thomas (1878-1932) era filho de um padeiro de Champigny. Em 1898 ingressou na Escola Normal Superior, de onde foi o primeiro a obter a *agrégation* de história, em 1902. Foi membro do PSF desde sua criação (1902) e da sociedade cooperativa *La Travailleuse*, fundada em Champigny em 1903. Após uma estadia de um ano na Alemanha, onde estudou o desenvolvimento do sindicalismo, foi convidado por Jean Jaurès a cobrir a seção social no jornal *L'Humanité*, em 1904. Colaborou também com *La Petite République* e fundou, em 1905, *La Revue Syndicaliste*. Elegeu-se vereador de Champigny em 1904. Em 1910, obteve seu doutorado em direito e elegeu-se deputado. Após dois anos, elegeu-se o prefeito de Champigny, cargo que ocuparia até 1925. Em 1914

um número maior de leitores.[59] *La Revue Socialiste* acrescentou ao seu nome os adjetivos "sindicalista e cooperativa" e, à sua vocação de "revista de ciência", a de "revista de ação".[60] Apesar dos esforços, a estratégia fracassou.[61]

Em 1912, a viúva de Rodolphe Simon vendeu os direitos da revista por mil francos a Eugène Fournière. Fournière, apesar das dificuldades econômicas que a revista atravessava, procurou então mantê-la dentro do espírito de independência em relação aos partidos políticos que Malon havia estabelecido, organizando um "grupo da *Revue Socialiste*". Seu objetivo não foi atingido: o grupo mal conseguiu sustentar a revista. Após a morte de Eugène Fournière, no dia 14 de janeiro de 1914, Albert Thomas – que desde 1910 era redator-chefe da revista – tornou-se seu diretor, associando o destino

---

tornou-se diretor de *La Revue Socialiste*. Mobilizado pelo conflito mundial, foi encarregado, em outubro de 1914, de organizar a fabricação do material de guerra. Em maio de 1915, foi promovido subsecretário de Estado; em dezembro de 1916, ministro das Armas, com acesso ao Comitê de Guerra no segundo ministério de Briand. Manteve-se no cargo em março de 1917, durante o governo de Ribot. Em março de 1918, lançou a revista *Informations Ouvrières et Sociales*. Assumiu a direção do Birô Internacional do Trabalho, em Genebra – tendo convocado a conferência internacional de Washington, de novembro de 1919 – função que exerceria por doze anos. Verbete "Albert Thomas". In: MAITRON, Jean (org.). *Dictionnaire biographique du mouvement ouvrier français. 1871-1914 De la Commune à la Grande Guerre*, p. 223-227.

59 Aparentemente a revista não conseguia ultrapassar a marca dos 300 assinantes e os serviços gratuitos chegavam a mais de um terço das assinaturas. REBÉRIOUX, Madeleine. *La Revue Socialiste*, p. 27.

60 REBÉRIOUX, Madeleine. *La Revue Socialiste*, p. 19-26.

61 REBÉRIOUX, Madeleine. *La Revue Socialiste*, p. 36.

de *La Revue Socialiste* ao da SFIO até a véspera da guerra, quando deixou de ser publicada.[62] Durante sua existência, *La Revue Socialiste* dedicou-se "à busca e à confrontação das teorias socialistas."[63] Ao lado de artigos que desenvolviam questões teóricas colocadas pelo movimento socialista, foram publicadas análises da atualidade, ensaios de sociologia, críticas literárias. Fundada por um militantes da I Internacional, a *La Revue Socialiste* não podia deixar de reservar um espaço às notícias internacionais, no qual, como em *Le Socialiste*, os países mais frequentemente tratados eram os mais industrializados: a Alemanha, a Inglaterra, os Estados Unidos, a Bélgica, e outros. No tocante ao Brasil, os artigos concentraram-se entre os anos 1888 e 1892 – quando o fundador da revista ainda estava em sua direção,[64] e não ultrapassaram as três páginas. Dos nove artigos nos quais o Brasil foi o centro, apenas um é resultado de um "contato" entre brasileiros e franceses, pois se tratou de uma carta enviada do Brasil ao diretor da revista. Para os outros, a fonte consistiu, na maior parte do tempo, na própria imprensa francesa e nem sempre na imprensa socialista.

A primeira aparição que o Brasil fez na "nobre e pacífica revista de Benoît Malon"[65] data de abril de 1888. Gustave Rouanet, então

---

62   REBÉRIOUX, Madeleine. *La Revue Socialiste*, p. 36, 37.
63   BRUNET, Jean-Paul. Histoire du socialisme en France, p. 20.
64   A única exceção é um breve comentário de um livro sobre a América Latina, por Etienne Buisson, na seção Revista dos livros, onde o Brasil e a Argentina são citados. Trata-se do livro *En Amérique latine*, de Henri Turot. *La Revue Socialiste*, dezembro de 1908, n° 288, p. 564.
65   Jean Jaurès *apud* RENARD, Georges. Notre programme, *La Revue Socialiste*, maio de1894, n° 113, p. 513.

responsável da seção "O movimento social na França e no exterior", transcreveu na íntegra, um artigo que acabara de ser publicado pelo "jornal burguês"[66] *Le Temps*, afirmando estar pronto a associar-se a praticamente todas as suas reflexões. Ainda que tenha dito "quase", nenhuma observação ou crítica foi feita. Tratava-se do movimento em favor da supressão da escravidão, da "iniciativa generosa e perseguida com perseverança, de D. Pedro",[67] das leis do *Ventre livre* (setembro de 1871) e dos *Sexagenários* (setembro de 1885). O movimento pela abolição da escravidão é tomado como uma questão de governo e a maior preocupação estava em assegurar "os interesses, inquietos com as consequências que poderiam advir para a agricultura com a brusca libertação de milhares de trabalhadores pouco inclinados ao esforço espontâneo".[68] O autor do artigo, ao mesmo tempo em que considerava de uma perspectiva positiva os eventos ocorridos no Brasil, ponderava suas reflexões, afirmando que, como no caso das Antilhas francesas, seria necessário "algum tempo e dificuldades para convencer os negros libertos a retomar o cultivo".[69] Gustave Rouanet não comentou o conteúdo do artigo. Limitou-se a

---

66 ROUANET, Gustave. Brésil: La suppression de l'esclavage, *La Revue Socialiste*, abril de 1888, n° 40, p. 438.

67 ROUANET, Gustave. Brésil: La suppression de l'esclavage, *La Revue Socialiste*, abril de 1888, n° 40, p. 438, 439. O imperador D. Pedro II efetivamente fazia parte da corrente que defendia a emancipação dos escravos, com a condição de que as reformas fossem graduais, moderadas e que não afetassem a produção agrícola. JOFFILY, BERNARDO. *Brasil: 500 anos (Atlas Histórico do Brasil)*, p. 85.

68 ROUANET, Gustave. Brésil: La suppression de l'esclavage, *La Revue Socialiste*, abril de 1888, n° 40, p. 439.

69 ROUANET, Gustave. Brésil: La suppression de l'esclavage, *La Revue Socialiste*, abril de 1888, n° 40, p. 439.

tecer comparações genéricas entre a natureza do direito de propriedade no Brasil – que se estendia aos homens – e a natureza desse direito na Europa.

Três meses após o 13 de maio de 1888, data da lei que abolia a escravidão, a notícia foi estampada na revista pelas mãos de Benoît Malon. Para explicar "esse grande ato que faz cessar para o Brasil uma infamante e vergonhosa desigualdade"[70] ele tomou de empréstimo ao jornal *Le Moniteur des syndicats ouvriers* um artigo publicado na edição de 8-22 de julho de 1888, contendo um breve histórico das leis em favor da libertação dos escravos que precederam a abolição. O autor desse artigo pergunta-se qual sorte teriam os escravos libertos, concluindo que seria a de proletários, condição que se assemelhava à escravidão. As considerações de Benoît Malon foram ainda mais genéricas do que aquelas de Gustave Rouanet no artigo anterior. Em uma linguagem própria aos socialistas de sua época, evocou os grandes princípios da "justiça", do "progresso moral" e do "bem-estar universal",[71] sem todavia acrescentar nenhuma análise ao tema em questão.

A proclamação da República no Brasil, seu reconhecimento pela França e as primeiras iniciativas do novo sistema mereceram três pequenos artigos, formando quase uma série, assinada por Adrien Véber,[72] secretário de redação da revista. No primeiro,

---

70 MALON, Benoît. Brésil: L'abolition de l'esclavage, *La Revue Socialiste*, agosto de 1888, n° 44, p. 214.

71 MALON, Benoît. Brésil: L'abolition de l'esclavage, *La Revue Socialiste*, agosto de 1888, n° 44, p. 215.

72 Adrien Véber (1861-1932), filho de um secretário de prefeitura, foi professor e advogado. Em 1888 integrou *La Revue Socialiste* como secretário de redação. Em 1893 foi delegado pela revista no congresso operário

publicado em dezembro de 1889,[73] a proclamação da República é saudada como obra de republicanos maçons. Tal referência não é surpreendente se tomamos em consideração a filiação maçônica de diversos membros de *La Revue Socialiste*.[74] Sete meses mais tarde, em julho de 1890,[75] o secretário de redação anuncia, em um parágrafo que a França reconhecia "enfim" os Estados Unidos do Brasil.[76] Informações mais precisas sobre o novo sistema foram publicadas em fevereiro de 1891, tomadas da *Agence Libre*. No artigo "A obra realizada", Adrien Véber enumerou as medidas de ordem política, social e econômica tomadas pela República brasileira. Assinalou igualmente a existência de um partido socialista em São Paulo e do jornal hebdomadário *Germania*. O partido socialista – sobre o qual não ofereceu outras informações – já teria criticado "algumas das primeiras medidas tomadas [pelo governo republi-

---

internacional de Zurique. Elegeu-se, em 1896, vereador de Paris, ocupando o cargo até março de 1903. Filiou-se à Federação dos Socialistas Independentes, ao PSF, em 1902 e em seguida à SFIO, em 1905. Elegeu-se deputado em 1902, em 1906 e em 1914. Durante a guerra, participou da ala direita do partido socialista, com o qual rompeu nas eleições legislativas de 1919. Candidato pela lista socialista independente, não conseguiu reeleger-se, encerrando assim sua carreira política. Verbete "Adrien Véber". In: MAITRON, Jean (org.). *Dictionnaire biographique du mouvement ouvrier français. 1871-1914 De la Commune à la Grande Guerre*, p. 294.

73 VÉBER, Adrien. Brésil: Proclamation de la République, *La Revue Socialiste*, novembro de 1889, n° 59, p. 764.

74 B. Malon, G. Renard, G. Rouanet, E. Fournière, A. Véber, eram todos maçons. REBÉRIOUX, Madeleine. *La Revue Socialiste*, p. 30.

75 VÉBER, Adrien. Brésil: Reconnaissance de la République, *La Revue Socialiste*, julho de 1890, n° 67, p. 110.

76 O nome Estados Unidos do Brasil foi inspirado nos Estados Unidos da América e manteve-se em vigor até 1967. JOFFILY, BERNARDO. *Brasil: 500 anos (Atlas Histórico do Brasil)*, p. 91.

cano], notadamente os incentivos muito facilmente acordado às companhias financeiras e de transporte e, aqui e lá, o abandono parcial dos direitos do Estado, ou seja, da coletividade".[77]

O Brasil esteve também presente em dois artigos de caráter mais analítico, publicados na seção "Revista das revistas" e assinados por Gustave Rouanet. Como o título sugere, essa seção destinava-se ao comentário de outras publicações francesas. Nesses artigos, desvela-se uma *Revue Socialiste* cujas preocupações estendem-se às questões sócio-econômicas, às disputas por espaço no mercado consumidor. Assim, o socialista cede espaço a um Gustave Rouanet inquieto a respeito do futuro econômico de seu país. Em fevereiro de 1891, constatava, insatisfeito, que a Alemanha havia ultrapassado a França em volume de exportação. Ora, concluía, foi a imigração alemã que permitiu esse progresso: "Cada imigrante constitui, em efeito, para a pátria-mãe que deixa, um propagador de seus produtos, dos quais mantém de longe o gosto e a necessidade".[78] E lamentava que a imigração francesa tivesse sido restrita por impedimentos administrativos. Tomou por base a carta do brasileiro Santa-Anna-Néry,[79] publicada por *L'Economiste Français* de 3 de janeiro, na

---

77 VÉBER, Adrien. Brésil: L'œuvre accomplie, *La Revue Socialiste*, fevereiro de 1891, n° 74, p. 360.

78 ROUANET, Gustave. Revue des revues, *La Revue Socialiste*, février 1891, n° 74, p. 217.

79 Trata-se de Frederico José de Sant'Ana-Néry (1848-1901) – barão de Sant'Ana e autor de várias obras em francês. Na carta enviada a *L'Economiste Français*, queixava-se da política francesa, no que tange a imigração dirigida ao Brasil: "[...] não podemos admitir que à sombra da ignorância pública, funcionários subalternos coloquem no *index* um grande país durante quinze anos, comprometendos preciosas relações comerciais e permitindo que países rivais estabeleçam sua supremacia

qual denunciava a interdição da imigração francesa para o Brasil. Gustave Rouanet acrescentou que nas regiões nas quais os alemães possuíam uma presença marcante, seus produtos eram mais procurados do que os franceses. Inquietava-se principalmente porque, segundo ele, "é sobretudo nos mercados da América Latina que a Alemanha suplanta o comércio francês".[80]

Os alemães não eram os únicos a fazer concorrência à França no mercado brasileiro. A atenção de Gustave Rouanet foi atraída por uma outra carta brasileira,[81] publicada por *L'Economiste Français* de 7 de março de 1891, cujo tema era um projeto de acordo comercial entre o Brasil e os Estados Unidos. O autor, como o da carta anterior, assinalava que os interesses econômicos da França estavam em jogo. Assim, na "Revista das revistas" de abril, Gustave Rouanet, preocupado com "nossa influência no exterior", mostrou-se inquieto com um acordo cujo objetivo, segundo ele, era o de abrir o mercado brasileiro aos produtos manufaturados dos Estados Unidos. Consequência imediata: os produtos franceses não poderiam rivalizar com os produtos estadunidenses, cujas tarifas haviam sido consideravelmente reduzidas pelo novo acordo. Para justificar seu desconforto de ordem comercial, Gustave Rouanet utilizou argumentos de natureza cultural. Segundo ele, as

---

em regiões que, ainda no presente, sofrem influência francesa.".
SANT'ANA-NÉRY. L'immigration européenne au Brésil, *L'Economiste français*, 3 février 1891, p. 15.

80 ROUANET, Gustave. Revue des revues, *La Revue Socialiste*, février 1891, n° 74, p. 218.

81 Essa carta foi publicada no dia 3 de fevereiro de 1891, p. 302, 303 e assinada simplesmente pela inicial X. O autor afirma ser "um membro da colônia brasileira que habita Paris e é muito ligado à França".

repúblicas latinas sempre haviam nutrido certa "desconfiança instintiva" em relação aos Estados Unidos e sua eventual dominação, pois entre elas e estes, havia uma "oposição natural das raças". O autor apoiou-se na noção de rivalidade das duas culturas para justificar uma política francesa de contrapeso à influência americana: "Refratários aos modos e à cultura anglo-saxões, a América Central e a América do Sul continuam fortemente ligadas à Europa latina e particularmente à nação que resume suas tendências e aspirações as mais elevadas – refiro-me à França".[82] Nesse jogo de forças entre os anglo-saxões e os latinos, a influência francesa possuía, para o redator, um papel fundamental: reforçar a resistência latina contra os projetos da América do Norte. No Brasil, a proclamação da República havia levado ao poder homens que professavam uma profunda admiração pela Revolução Francesa e que estavam bastante ligados à França por uma "comunidade de ideias e interesses". Todavia, continuou Rouanet, o governo francês não soube retirar as consideráveis vantagens que a nova situação lhe oferecia e fechou as portas ao agente brasileiro enviado à França a fim de pedir-lhe apoio político.[83] Os Estados Unidos, em revanche, teriam reconhecido prontamente o novo sistema e declararam-se "prontos a defender a autonomia americana contra toda ingerência

---

82 ROUANET, Gustave. Revue des revues, *La Revue Socialiste*, abril de 1891, n° 76, p. 472.

83 Aparentemente, os temores de Gustave Rouanet eram compartilhados pelo agente brasileiro: "Como me explicava o muito inteligente agente do Partido Republicano em Paris, a amizade dos Estados Unidos representa uma ameaça de absorção para a nacionalidade brasileira. No dia em que os Yanques instalarem-se no país, em alguns anos o país a eles pertencerá." ROUANET, Gustave. Revue des revues, *La Revue Socialiste*, abril de 1891, n° 76, p. 475.

europeia."[84] Conduzindo uma política bastante hábil, recolhiam seus frutos ao assinar, com o novo governo brasileiro, um acordo que lhes era bastante favorável. Assim, concluiu Gustave Rouanet, a América do Norte acabava de garantir para si um importante mercado e não tardaria a nele "reinar absoluto às nossas custas".[85]

Ao curso dessa exposição, Rouanet utilizou expressões que traem certo elitismo da revista: em uma passagem, atribuiu ao agente brasileiro uma "inteligência de elite";[86] em outro trecho, referiu-se aos republicanos brasileiros como "classe dirigente no sentido elevado do termo".[87] Um elitismo que não é ocultado, mas, ao contrário, explícito em um editorial da revista publicada por Georges Renard, quando este assumiu sua direção. Nesse editorial, afirmava que o socialismo desejado "deixa livre curso para que se formasse uma *aristocracia pessoal*",[88] ou seja, que os indivíduos, sendo desiguais em qualidades – mas equivalente em direitos – os intelectualmente mais capazes deveriam usar suas qualidades em benefício da nova sociedade. De onde se pode concluir que, no sistema sonhado, a sociedade seria dirigida por uma "aristocracia da inteligência".

Em novembro de 1892, *La Revue Socialiste* publicou um extrato de uma carta dirigida a Benoît Malon, personagem que gozava

---

84 ROUANET, Gustave. Revue des revues, *La Revue Socialiste*, abril de 1891, n° 76, p. 473.

85 ROUANET, Gustave. Revue des revues, *La Revue Socialiste*, abril de 1891, n° 76, p. 475.

86 ROUANET, Gustave. Revue des revues, *La Revue Socialiste*, abril de 1891, n° 76, p. 474.

87 ROUANET, Gustave. Revue des revues, *La Revue Socialiste*, abril de 1891, n° 76, p. 473.

88 ROUANET, Gustave. Revue des revues, *La Revue Socialiste*, maio de1894, n° 113, p. 515.

de enorme prestígio entre os socialistas brasileiros: sues livros frequentemente faziam parte das bibliotecas socialistas e operárias. A carta, assinada por Antonio Lanzoni,[89] descreve o estado da organização do movimento operário no Brasil. O autor explicou que o desenvolvimento da indústria, os baixos salários, os preços elevados e a concorrência provocada pela chegada de operários estrangeiros, começaram a despertar as "massas operárias" para a organização do movimento socialista. Mas não era tudo: "Acrescente a isso a revolução política que acaba de completar-se,[90] e a reviravolta que provocou no seio da sociedade brasileira, fermento que é poderosamente fecundado pelos livros (sobretudo os de sua autoria: *Socialismo Integral, Compêndio de Socialisme*, etc.) e jornais socialistas europeus e pelo eco do movimento que tem curso na Europa."[91] A carta mencionava a intenção de fundar um cotidiano que seria o porta-voz do novo partido – cujo nome não chegou a citar – para divulgar, no país, as ideias socialistas. Esse "novo partido" seria o Partido Operário Brasileiro, criado no primeiro congresso socialista realizado no Rio de Janeiro, em agosto de 1892? A hipótese parece plausível, pois entre o congresso e a publicação da carta, dois meses se passaram. Entretanto, não há meio de saber mais a respeito: Adrian Véber, que assinou o artigo, limitou-se a desejar boa sorte ao jovem partido, sem fornecer a seus leitores maiores informações a seu respeito.

---

89 Segundo Adrien Véber, que assina o artigo, Antonio Lanzoni dirigia a *Rivista italiana del Socialisme*, o que indica que era um imigrante italiano.
90 Tratava-se, evidentemente, da proclamação da República.
91 Véber, Adrian. Brésil: Initiative socialiste, *La Revue Socialiste*, novembro de 1892, n° 95, p. 621.

O Brasil dos primeiros anos do século XX fez uma aparição muito fugaz na revista de Benoît Malon. Foi em dezembro de 1908, quando era dirigida por Eugène Fournière. Na seção "Revista dos livros", o redator Etienne Buisson comentou a publicação da obra intitulada *Na América Latina*,[92] cujo objetivo, segundo ele, era o de atrair a atenção da França para as relações sul-americanas, "que podem ser para ela de um grande benefício".[93] Etienne Buisson citou trechos do livro contendo propostas abertamente colonialistas[94] a respeito do Brasil e da Argentina. Todavia, longe de se opor a essas ideias, argumentou que outras potências – tais como os Estados Unidos, a Inglaterra e a Alemanha – disputavam esse mercado e propôs, ao invés de uma aventura colonialista, que outras empresas francesas se instalassem ao lado daquelas que "já gozam de uma real autoridade junto à clientela nativa".[95]

Excetuada essa breve aparição em 1908, a informação sobre o Brasil resumiu-se, em *La Revue Socialiste*, a alguns artigos concentrados no final do século XIX. A estratégia geralmente empregada pelos redatores da revista, de recorrer a outras publicações para falar do Brasil e a ausência de análise sugerem um distanciamento em

---

92 TUROT, Henri. *En Amérique latine*, Vuibert et Nony éditeurs, Paris. O ano não é indicado.

93 BUISSON, Etienne. Revue des livres, *La Revue Socialiste*, dezembro de 1908, n° 288, p. 564.

94 "Há aqui uma grande tarefa a cumprir: o Brasil e a Argentina podem tornar-se, se quisermos, admiráveis colônias francesas, que custarão à metrópole apenas as despesas de manutenção, de defesa e de organização." Henri Turot *apud* BUISSON, Etienne. Revue des livres, *La Revue Socialiste*, dezembro de 1908, n° 288, p. 564.

95 BUISSON, Etienne. Revue des livres, *La Revue Socialiste*, dezembro de 1908, n° 288, p. 564.

relação ao país que se altera no momento em que o tema concerne diretamente à França. Embora os artigos sobre a abolição da escravidão e sobre a proclamação da República possam ser considerados como parte do quadro das preocupações socialistas – na medida em que se tratava de iniciativas de natureza humanista e republicana – não se pode dizer o mesmo das inquietações de Gustave Rouanet, no que diz respeito ao mercado brasileiro, ou dos interesses econômicos apresentados por Etienne Buisson. No fundo, podemos nos perguntar se o socialismo de *La Revue Socialiste* não continha a ideia de que a França possuía uma missão civilizadora, inclusive no mercado mundial.

C. Le Mouvement Socialiste

O primeiro número do *Mouvement Socialiste* foi publicado no dia 15 de janeiro de 1899. O objetivo dessa revista de 60 a 80 páginas era o de "fornecer elementos de compreensão e de crítica do movimento socialista"[96] e seus princípios eram aqueles formulados por Marx e Engels. Dirigida desde sua fundação até seu desaparecimento por Hubert Lagardelle,[97] *Le Mouvement Socialiste* contou, desde o início,

---

96 s.a. Déclaration. *Le Mouvement Socialiste*, 15 de janeiro de 1899, n° 1 p. 2.
97 Hubert Lagardelle (1875-1958), filho de um grande proprietário de terras, tornou-se, em 1893, secretário adjunto do grupo republicano socialista, que aderiu ao POF. Em 1894, dedicou-se ao grupo de estudantes coletivistas, também ligado ao POF e, em 1895, lançou a revista *La Jeunesse socialiste*. Rompeu com o POF quando a direção do partido recusou tomar partido no caso Dreyfus. Em janeiro de 1899 fundou *Le Mouvement Socialiste* cuja direção assumiria até 1914. Em 1902 aderiu ao PSDF e trabalhou pelo desenvolvimento do sindicalismo revolucionário. A partir de 1902 passou a lecionar no Colégio Livre de Ciências Sociais. Foi ligado à SFIO até a guerra e, a partir de 1911, dedicou-se a

com a colaboração de grandes nomes do socialismo internacional[98] e de correspondentes de vários países.[99]

Não há dados precisos sobre as fontes de financiamento da revista. Economias pessoais de Lagardelle, colaboração de seus camaradas mais próximos, ajudas financeiras de relações amicais ou familiares fora dos círculos socialistas sãos as hipóteses mais prováveis. Seja como for, as flutuações financeiras da revista foram um problema permanente. Sua periodicidade variou bastante. Os problemas de atraso e postergação de sua publicação foram frequentes. Inicialmente a revista era bi-mensal. Em 1902, houve uma breve tentativa de transformá-la em hebdomadário, mas fracassou. Em seguida, no mesmo ano, tornou-se sucessivamente bi-mensal e mensal. A partir de 1903, era

---

proferir conferências na França e no exterior. Entre 1930 e 1932, colaborou com a revista *Plans*. Em 1933 foi convidado a trabalhar na embaixada francesa na Itália. Permaneceu nesse país até 1940, estabelecendo relações pessoais com Benito Mussolini. Ao retornar à França, foi nomeado, em 1942, secretário do Trabalho, mas pediu sua demissão no ano seguinte. Defendeu o marechal Pétain e a revolução nacional até 1944. Em novembro desse ano, foi condenado à pena perpétua de trabalhos forçados, mas foi liberado em 1949 em razão de seu estado de saúde. Em 1955 publicou seu último livro, *Mission à Rome: Mussolini*. Verbete "Hubert Lagardelle". In: MAITRON, Jean (org.). *Dictionnaire biographique du mouvement ouvrier français. 1871-1914 De la Commune à la Grande Guerre*, p. 176, 177. JENNINGS, Jeremy. Verbete "Hubert Lagardelle". In: JULLIARD, Jacques; WINOCK, Michel Winock (org.). *Dictionnaire des intellectuels français*. Paris: Seuil, 1996, p. 670-671.

98 Entre os colaboradores estrangeiros estavam Kautsky, W. Liebknecht, Bernstein, Rosa Luxemburgo, Emile Vandervelde, etc. DE FLERS, Marion. Le Mouvement Socialiste (1899-1914). In: *Cahiers Georges Sorel*, 1987 n° 5, Les éditions ouvrières, p. 68.

99 Países como a Espanha, a Inglaterra, os Estados Unidos, a Hungria, a Romênia e a Itália. DE FLERS, Marion. Le Mouvement Socialiste (1899-1914). In: *Cahiers Georges Sorel*, p. 70.

teoricamente mensal e bimestral na prática. Do final de 1904 a julho de 1905, tornou-se bimestral, para voltar a ser mensal do final de 1905 a 1914, embora a partir de 1910 muitas vezes fosse frequentemente publicada apenas uma vez a cada dois meses.[100]

Assim como sua periodicidade, seu preço mudou ao longo dos anos. Em 1899 uma assinatura custava 8 francos. Em 1904 passou para 12 francos e, a partir de 1910, teve um novo aumento, para 15 francos, preço que se manteria até o final da revista.[101] *Le Mouvement Socialiste* vendia-se a algumas centenas de exemplares, não ultrapassando a quantia de 700 assinantes. Seu público leitor era composto por intelectuais de esquerda, professores, estudantes e alguns líderes sindicais.[102] O percurso da revista não foi linear. Ainda que tenha sempre se situado à extrema esquerda do movimento socialista, alternou sucessivamente suas orientações ideológicas. Assim, de 1899 a 1904, sua linha teórica foi confusa: sindicalistas não socialistas, *gusedistas* desapontados e anti-*guesdistas* compartilhavam o mesmo teto. Em 1902, o comitê de redação da revista, composto de jovens camaradas de Hubert Lagardelle, viveu uma primeira cisão. Parte dos colaboradores migrou para o Partido Socialista Francês, de Jean

---

100 DE FLERS, Marion. Le Mouvement Socialiste (1899-1914). In: *Cahiers Georges Sorel*, p. 61.

101 O valor das assinaturas internacionais era mais alto: em 1908 os leitores das colônias e de outros países pagavam 18 francos. DE FLERS, Marion. Le Mouvement Socialiste (1899-1914). In: *Cahiers Georges Sorel*, p. 60, 61.

102 JENNINGS, Jeremy. Verbete *"Le Mouvement Socialiste"*. In: JULLIARD, Jacques; WINOCK, Michel Winock (org.). *Dictionnaire des intellectuels français*, p. 815.

Jaurès, e outra parte, da qual fazia parte o próprio Lagardelle, aproximou-se de Jules Guesde.[103]

De 1904 a 1907, Le Mouvement Socialiste enfrentou uma série de dificuldades materiais, as mais graves da história da revista. Ao mesmo tempo, a equipe editorial foi sensivelmente alterada. A participação de personalidades internacionais e da equipe literária cedeu espaço a colaboradores de origem sindical, fazendo com que a revista se orientasse paulatinamente em direção ao socialismo operário e ao sindicalismo revolucionário. Foi igualmente um período de intensa participação e influência de Georges Sorel[104] na revista. Em 1906, todavia, houve uma nova

---

103 DE FLERS, Marion. Le Mouvement Socialiste (1899-1914). In: Cahiers Georges Sorel, p. 51, 52.

104 Georges Sorel (1847-1922) era filho de um ex-oficial do Exército de Napoleão. Trata-se de um personagem extremamente controverso, pois suas ideias alteraram-se em diversos momentos. Terminou seus estudos na Escola Politécnica em 1869. Em 1871, após ter passado o período da guerra na Córsega, voltou ao continente e dedicou-se, por mais de vinte anos, à carreira de engenheiro. Em 1892, herdou um modesto capital de sua mãe, deixou sua carreira administrativa e estabeleceu-se em Paris, onde passou a dedicar-se a estudos filosóficos e sociais. Entre 1894 e 1897, colaborou com L'Ere Nouvelle e com o Devenir social, publicando artigos teóricos. Em 1898, na apostila L'Avenir socialiste des syndicats, defendeu o movimento sindical, associando seu nome ao sindicalismo revolucionário e, a partir de 1899, colaborou e apoiou Le Mouvement Socialiste. Em 1906 redigiu Réflexions sur la violence, sua principal obra, consagrada à teoria sindicalista. Nesse mesmo ano, conheceu Charles Maurras, diretor de L'Action Française e passou a compartilhar das ideias da direita, até 1914. Colaborou com a revista L'Indépendance de 1911 (ano de sua criação) a 1913, quando rompeu com a revista com o pretexto de estar doente. A partir de 1914, afastou-se dos eventos políticos e polêmicos e pouco publicou. Contudo, deixou-se entusiasmar pela Revolução Russa e publicou, em 1919, Plaidoyer pour Lénine. Morreu em 1922, na miséria e no abandono.

cisão do comitê de redação. Dessa vez foram os colaboradores sindicalistas que deixaram *Le Mouvement Socialiste* para defender e expressar suas opiniões no *Humanité*.[105]

Finalmente, de 1908 a 1914, *Le Mouvement Socialiste* enfrentou a crise da CGT, a ruptura com Georges Sorel e outros colaboradores, além de grandes dificuldades financeiras. A crise que atingiu a CGT, em 1908, desestabilizou a revista: "Ela decaiu ao mesmo ritmo que o sindicalismo revolucionário, do qual ela surgiu nos belos anos como a expressão intelectual".[106] Na sequência, a revista assumiu uma nova orientação: os debates polêmicos cederam lugar a artigos mais moderados, de informação social e cultural. Em 1910, seu subtítulo passou de "revista bimestral internacional" para "revista de crítica social, literária e artística".[107] Apesar disso, a revista manteve sua seriedade e suas assinaturas prestigiosas. A partir de 1911, a reprodução de artigos já publicados começou a tornar-se sistemática e, no ano seguinte, *Le Mouvement Socialiste* passou a publicar frequentemente textos – às vezes já publicados – de grandes teóricos do socialismo: "Como se, as finanças faltando, a matéria faltasse também."[108]

Verbete "Georges Sorel". In: MAITRON, Jean (org.). *Dictionnaire biographique du mouvement ouvrier français. 1871-1914 De la Commune à la Grande Guerre*, p. 171-175.

105 DE FLERS, Marion. Le Mouvement Socialiste (1899-1914). In: *Cahiers Georges Sorel*, p. 52, 53.

106 JULIARD, Jacques. Le monde des revues au début du siècle. In: *Cahiers Georges Sorel*, p. 5.

107 DE FLERS, Marion. Le Mouvement Socialiste (1899-1914). In: *Cahiers Georges Sorel*, p. 53.

108 DE FLERS, Marion. Le Mouvement Socialiste (1899-1914). In: *Cahiers Georges Sorel*, p. 71.

Le *Mouvement Socialiste* dedicou durante seus catorze anos de existência apenas dois artigos ao Brasil. O primeiro, assinado por Xavier Carvalho, parece ser uma carta enviada do Brasil. Teria sido diretamente enviada ao *Mouvement socialiste*, ou a outra revista, francesa ou de outro país? Não há indícios para responder. O artigo é reproduzido sem nenhuma introdução. Xavier Carvalho expôs rapidamente a história do socialismo no Brasil: a primeira vez em que se falou de socialismo no país,[109] a criação da Liga Operária no Rio de Janeiro, em 1870, a fundação do Partido Operário em 1890.[110] Fez igualmente referência ao 1º de Maio, data que incitava "manifestações bastante importantes."[111] em diversas cidades. Mencionou ainda a importância da imigração e das publicações de autores europeus – entre os quais teóricos com ideias bastante diversas, como Benoît Malon, Mikhail Bakunin e Auguste Conte – na propaganda socialista no Brasil. A carta termina apresentando o programa transitório de um partido socialista criado pelo Comitê Central Socialista Operário Internacional do Rio de Janeiro. Os leitores não souberam

---

109 Em 1855, no livro *O Socialismo*, de Alves Lima: "um volume doutrinário de um espírito muito limitado e bastante atrasado. O autor era um oficial superior do Exército brasileiro". CARVALHO, Xavier. Le socialisme au Brésil, *Le Mouvement Socialiste*, 15 de outubro de 1899, n° 19 p. 473.

110 Trata-se do Partido Operário, fundado por Augusto Vinhaes, que também foi tema do artigo de *Le Socialiste* de 11 de fevereiro de 1891. Xavier de Carvalho citou igualmente o tipógrafo França e Silva, redator chefe de *A Voz do Povo*, primeiro jornal de organização operária, criado em janeiro de 1890 no Rio de Janeiro. Esse jornal reunia os dois dirigentes que, um mês após sua criação, desentenderam-se, criando cada qual um partido operário diferente. GOMES, Angela de Castro. *A invenção do trabalhismo*, p. 47.

111 CARVALHO, Xavier. Le socialisme au Brésil, *Le Mouvement Socialiste*, 15 de outubro de 1899, n° 19 p. 473.

se o partido socialista que acabava de nascer conseguiu impor-se. Todavia, três anos depois, foram informados de uma importante iniciativa ocorrida no Brasil: o segundo congresso socialista, reunido em São Paulo em maio de 1902. Quando esse artigo foi publicado no *Le Mouvement Socialiste*, no dia 1º de setembro de 1902, *Le Socialiste* já havia informado seus leitores do evento, na edição de 3-10 de agosto. Esse atraso do *Mouvement socialiste* pode ser explicado pelo fato de que seu artigo era, provavelmente, a tradução de um texto publicado pela revista alemã *Die Neue Zeit* e assinado por Paul Löbe.[112] O tratamento dado ao evento no artigo publicado no *Le Mouvement Socialiste* foi distintamente diferente daquele do *Le Socialiste*. O tom empregado pelo primeiro foi de encorajamento, enquanto que o segundo aproximou-se da indiferença. *Le Socialiste* publicou a declaração que precedia o programa do partido socialista que estava sendo fundado e declarou que não o fazia devido ao valor da declaração, mas porque era a primeira vez que os socialistas do Brasil elaboravam um programa definido. *Le Mouvement Socialiste*, em revanche, continha o documento inteiro – ou seja, a declaração, o programa e o estatuto do Partido Socialista Brasileiro e um julgamento bastante favorável: "Em nossa opinião os camaradas brasileiros fizeram uma obra

---

[112] Encontrei a referência ao artigo da revista alemã no texto já citado de HAUPT, Georges. *Militants sociaux-démocrates allemands au Brésil (1893-1896)*, p. 47-61. Pode ser encontrado igualmente em LÖBE, Paul. Die sozialistische Partei Brasiliens, *Die Neue Zeit*, XX, Bd 2, 1902, p. 524-530. Há passagens do artigo alemão citado por Georges Haupt que coincidem com o texto publicado em *Le Mouvement Socialiste*. Entretanto, trata-se apenas de uma hipótese.

muito minuciosa e conscienciosa."[113] Entretanto, o conjunto foi descrito e analisado de um modo não destituído de paternalismo: "O programa fundamental de nossos camaradas brasileiros não deve ser criticado tão severamente quanto temos o direito e o dever de fazer entre nós." Afinal, não se podia negligenciar o fato de que era um país no qual o movimento socialista era bastante recente. Assim, Paul Löbe assinalou que, no programa, as questões fundamentais estavam ao lado de reivindicações destituídas de significado e que o conjunto estava exposto sem uma ordem lógica. Mas ressaltou que os socialistas brasileiros não perderam de vista o objetivo principal: a socialização dos meios de produção e de troca. Ainda que bem pouco presente, o tema do Brasil no *Le Mouvement Socialiste* foi abordado de uma maneira coerente: os dois artigos tratam de tentativas de construção de um partido socialista no país e fornecem aos leitores uma quantidade apreciável de informações.

No conjunto dos artigos publicados nos periódicos estudados, a primeira coisa a observar é a concentração destes entre o final do século XIX e o segundo ano do século XX, o que coincide com as transformações políticas que desembocaram na abolição da escravidão e na proclamação da República, mas também com o período no qual a influência dos reformistas e dos socialistas no Brasil era a mais importante. Seu ápice foi o segundo congresso socialista de 1902, após o qual o movimento socialista, já fraco, entrou em declínio.

---

113 LÖBE, Paul. Brésil: Le 2ᵉ congrès du Parti socialiste brésilien, *Le Mouvement Socialiste*, 1º de setembro de 1902, n° 103, p. 1588.

Quadro dos artigos publicados sobre o Brasil em *Le Socialiste*, *La Revue Socialiste* e *Le Mouvement Socialiste*:

Data	Le Socialiste	La Revue Socialiste	Le Mouvement Socialiste	Fonte
abril de 1888		"Brasil: a abolição da escravidão", Gustave Rouanet,		jornal le Temps
agosto de 1888		"Brasil: a abolição da escravidão", Benoît Malon		jornal le Moniteur des syndicats ouvriers
outubro de 1899			"O socialismo no Brasil", Xavier de Carvalho	carta de Xavier de Carvalho
novembro de 1889		"Brasil: Proclamação da República", Adrien Véber		desconhecida
julho de 1890		"Brasil: o reconhecimento da República", Adrien Véber		desconhecida
fevereiro de 1891		"Brasil: a obra terminada", Adrien Véber		agência de notícias
fevereiro de 1891		"Revista das revistas", Gustave Rouanet		carta de Santa-Anna-Néry publicada em l'Economiste français
11 de fevereiro de 1891	"Rio-Janeiro"			carta publicada em le Prolétaire, de Zurique
abril de 1891		"Revista das revistas", Gustave Rouanet		carta de X, publicada em l'Economiste français
novembro de 1892		"Brasil: iniciativa socialista", Adrien Véber		carta de Antonio Lanzoni
30 de outubro de 1898	"Brésil"			desconhecida
3-10 de agosto de 1902	"Le parti socialiste du Brésil"			desconhecida

Data	Le Socialiste	La Revue Socialiste	Le Mouvement Socialiste	Fonte
setembro de 1902			"Brasil: o 2º congresso do Partido Socialista Brasileiro", Paul Löbe	revista alemã Die Neue Zeit
6-13 de dezembro de 1908	"Mouvement international: Brésil", Angèle Roussel			desconhecida
dezembro de 1908		"Revista dos livros", Etienne Buisson		comentário do livro de Henri Turot
Total (15 artigos)	4 artigos	9 artigos	2 artigos	

Fonte: Le Mouvement Socialiste (de janeiro de 1899 a maio de 1914), La Revue Socialiste (de janeiro de 1885 a junho de 1914), Le Socialiste (de agosto de 1885 a julho de 1913).

Ao todo, essas três publicações dedicaram quinze artigos ao Brasil entre 1888 e 1908. O conteúdo dos cinco primeiros, publicados pela *Revue Socialiste*, de 1888 a 1891, possui um caráter oficial: a supressão, depois a abolição da escravidão, a proclamação, o reconhecimento e as primeira "obras" da República. Os dois artigos publicados sob a assinatura de Gustave Rouanet na "Revista das revistas" e o comentário do livro *En Amérique latine* por Etienne Buisson na *Revue Socialiste* tecem considerações de ordem comercial. Enfim, sete artigos são dedicados ao movimentos socialista no Brasil, dos quais dois, publicados no *Socialiste* – resumem-se a uma ou duas linhas, três são transcrições de cartas enviadas do Brasil – cada uma publicada em um periódico diferente – e dois comentam o segundo congresso socialista.

No que concerne às fontes utilizadas pelos redatores, elas são compostas por artigos publicados em outros periódicos, cartas enviadas por militantes do Brasil e outras, cuja origem não é assinalada. Entre os artigos reproduzidos de outras publicações, dois foram traduzidos do alemão – a carta publicada por *Le Socialiste*, em fevereiro de 1891 e provavelmente o artigo de Paulo Löbe, publicado no *Mouvement Socialiste* de setembro de 1902 –, o que demonstra a frequência das trocas entre os socialistas da França e da Alemanha. Por outro lado, poderíamos esperar encontrar igualmente artigos traduzidos do italiano, posto que um número considerável de socialistas "brasileiros" era de origem italiana. Das três cartas[114] publicadas, há apenas uma que foi expressamente enviada a uma revista francesa ou, mais precisamente, a uma personalidade, pois a carta estava endereçada a Benoît Malon. As cartas constituem um signo claro das tentativas dos militantes brasileiros em se fazer conhecer pelos socialistas europeus. No entanto, tudo indica que se tratava de ações isoladas: tentativas ainda mais fragmentadas que aquelas que visavam a constituir um partido socialista no Brasil.

Os socialistas brasileiros estavam dispersos em grupos locais, de existência efêmera. Não havia, no Brasil, um movimento socialista suficientemente organizado para estabelecer com a França relações contínuas e duráveis. Consequentemente, o conteúdo dos artigos dos periódicos aqui analisados é, na maior parte das vezes, superficial, menos analítico do que informativo. A falta de esforço para completar as informações das cartas publicadas ou dos artigos copiados de outras publicações é testemunha do interesse reduzido pelo desenvolvimento do socialismo em um país que, afinal, estava longe do

---

114 Aquela publicada em *Le Socialiste* no dia 11 de fevereiro de 1891, a publicada em *La Revue Socialiste* em novembro de 1892 e aquela publicada em *Le Mouvement Socialiste* em outubro de 1899.

centro de preocupações eurocentristas dos socialistas franceses. Por fim, é preciso assinalar que é bastante curioso que a viagem empreendida por Jean Jaurès à Argentina, ao Uruguai e ao Brasil, em 1911, não tenha sido comentada nesses periódicos. Apenas *Le Socialiste* publicou algumas linhas, retiradas do jornal *L'Humanité*, notificando a partida do socialista francês da Argentina, de volta à França.[115]

9. Jean Jaurès no Brasil

No período compreendido entre o final do século XIX e o início do século XX, as turnês de artistas, intelectuais e políticos na América Latina estavam na moda.[116] Era um verdadeiro negócio: personalidades eram convidadas sob contrato, os eventos organizados por empresários e preparados por campanhas de imprensa. As apresentações, em teatros luxuosos, tinham por assistência a *intelligentzia* e os novos-ricos do país, dispostos a pagar o elevado preço dos ingressos.

O convite feito a Jean Jaurès pelos socialistas argentinos para que pudesse fazer propaganda socialista em seu país parece contrastar com esse esquema profissional, quase um negócio comercial. Porém, os militantes argentinos teriam outro modo de fazer

---

115 s.a., Jaurès en Amérique, *Le Socialiste*, 22-29 de outubro de 1911, n° 331.

116 Para mencionar apenas os conferencistas, pode-se citar o exemplo do criminalista italiano Enrico Ferri, em 1908; do escritor francês Anatole France, em 1909; do político francês Georges Clemenceau, em 1910. Rebérioux, Madeleine. Les tournées culturelles françaises en Amérique latine au début du siècle: de Ferri à Jaurès. In: *Cahiers Jean Jaurès*, janeiro-março de 1996, n° 139, Centre national, Musée Jean Jaurès et Société d'Etudes jaurésiennes, p. 12.

vir o grande tribuno francês para a América do Sul? Provavelmente não. Assim, Jean Jaurès sabia, de algum modo, que realizar essa viagem significava "dobrar-se um pouco às convenções e às mundanidades diplomáticas".[117]

Ao todo, o líder socialista deu quinze conferências na América do Sul: cinco no Brasil, duas no Uruguai e oito na Argentina, de onde embarcou no *Amazone*, no dia 9 de outubro de 1911, de volta para a França.[118] Durante sua estadia na América do Sul, fez prova de curiosidade intelectual e cultural, bem como de grande sensibilidade em relação às especificidades dos países visitados. No Brasil, no Uruguai e na Argentina, teve o cuidado de incluir, em suas conferências, referências a questões do país que o acolhia e surpreendeu seus diferentes auditores com seus conhecimento dos autores locais. Longe de tecer odes intermináveis à latinidade[119] e de ver a influência francesa em tudo, aproximou-se, enquanto indivíduo, das culturas que estava conhecendo: observou, visitou, fez perguntas.

---

117 OULMONT, Philippe. Jaurès à l'Ambassade. In: Cahiers *Jean Jaurès*, janeiro-março de 1996, n° 139, Centre national, Musée Jean Jaurès et Société d'Etudes jaurésiennes, p. 114.

118 GOLDBERG, Harvey. *Jean Jaurès: la biographie du fondateur du Parti socialiste*, p. 481.

119 Durante sua estadia na Argentina, o líder socialista Dr. Dr Juan Bautista Justo agradeceu Jean Jaurès por ter poupado a assistência de repisar na questão da latinidade, recurso empregado por outros conferencistas a fim de marcar as relações entre a América do Sul e a França. BLANC, Jòrdi. Individu, société et transcendance à travers les conférences de Jaurès à Buenos Aires. In: Cahiers *Jean Jaurès*, janeiro-março de 1996, n° 139, Centre national, Musée Jean Jaurès et Société d'Etudes jaurésiennes, p. 65.

A. Jean Jaurès

Auguste-Marie-Joseph-Jean Jaurès nasceu no dia 3 de setembro de 1859, em Castres, no departamento do Tarn. Embora fosse de origem burguesa, a família de Jaurès – composta pelo pai, Jean-Henri-Jules Jaurès, pela mãe, Marie-Adélaïde Barbaza, e, um ano após seu nascimento por Louis, o irmão caçula de Jean – possuía uma situação financeira instável.[120] Apesar disso, por ser aluno brilhante, Jean Jaurès foi bolsista por diversas vezes, o que lhe assegurou uma educação bastante sólida. Em 1878, recebeu o primeiro prêmio por sua redação no concurso geral da prestigiosa Escola Normal Superior.[121] Três anos depois, tendo obtido o título de *agregé* em filosofia, postulou um posto no liceu de Albi, onde se dedicaria a seus alunos e a sua tese de doutorado.[122] Após dois anos de ensino, foi nomeado mestre de conferência na faculdade de letras de Toulouse.

Atraído pela via política, Jean Jaurès foi eleito deputado da maioria republicana em Tarn, em 1885. Mas seu fracasso nas eleições seguintes, em 1889, o levou a retomar seu posto em Toulouse, onde terminou e defendeu suas duas teses de doutorado na Sorbonne, em 1892. Uma delas era escrita em latim e tratava de *As Origens do socialismo alemão em Luther, Kant, Fichte e Hegel*. A outra, em francês, versava sobre *A realidade do mundo sensível*. Ambas "revelam um espírito que continuará até o final religioso, um otimista que recusa o mal e

---

120 GOLDBERG, Harvey. *Jean Jaurès: la biographie du fondateur du Parti socialiste*. Paris: Fayard, 1970, p. 14.
121 GOLDBERG, Harvey. *Jean Jaurès: la biographie du fondateur du Parti socialiste*, p. 27.
122 GOLDBERG, Harvey. *Jean Jaurès: la biographie du fondateur du Parti socialiste*, p. 35.

a violência, em busca da Cidade 'de todas as almas reconciliadas'".[123] Em 1890, contudo, retomou suas atividades políticas, como vereador em Toulouse. Foi ao longo desse ano que publicou um artigo na *Dépêche de Toulouse*, no qual mencionou Marx pela primeira vez.[124] Da leitura de *O Capital*, Jaurès extraiu sobretudo a crítica da produção capitalista: "O recurso ao marxismo limita-se portanto a marcar a necessidade do desenvolvimento capitalista, contanto que seja equilibrado por um desenvolvimento democrático equivalente, enquadrado pelo que Jaurès chama de a 'República industrial'".[125] Em 1892, apoiou a greve dos mineradores de Carmaux, o que lhe valeu seu retorno à Câmara em 1892, integrando, dessa vez, o grupo dos deputados socialistas, sob o programa do Partido Operário Francês.[126] A partir desse momento, "Jaurès passa sua vida de socialista a trabalhar pela unidade e pela tolerância no interior do movimento".[127]

Colaborador de *La Dépêche de Toulouse*, desde 1887 e de *La Petite République*, foi nesse segundo periódico que publicou, em 1898, uma longa defesa do capitão Dreyfus, condenado injustamente por alta traição e travou uma luta por convencer seus companheiros

---

123 Rioux, Jean-Pierre. Verbete "Jean Jaurès". In: Julliard, Jacques; Winock, Michel Winock (org.). *Dictionnaire des intellectuels français*, p. 626.
124 Goldberg, Harvey. *Jean Jaurès: la biographie du fondateur du Parti socialiste*, p. 79.
125 Lindenberg, Daniel. Le débat marxiste au tournant du siècle. In: Pascal Ory, *Nouvelle histoire des idées politiques*, p. 280
126 Goldberg, Harvey. *Jean Jaurès: la biographie du fondateur du Parti socialiste*, p. 126.
127 Goldberg, Harvey. *Jean Jaurès: la biographie du fondateur du Parti socialiste*, p. 93.

socialistas da justeza dessa causa.[128] Quando outra crise explodiu nas fileiras socialistas, a da entrada de Alexandre Millerand no governo de Waldeck-Rousseau, Jean Jaurès, não sem hesitação, apoiou o novo ministro. O caso dividiu novamente o movimento socialista francês.[129] A partir de 1902, dois partidos passaram a disputar o cenário político: o Partido Socialista da França, conduzido por Jules Guesde e Edouard Vaillant e o Partido Socialista Francês, em torno de Jean Jaurès e outros.[130]

Orador eloquente, deputado socialista, líder de greves, pedagogo, delegado da Segunda Internacional – integrou o Birô Socialista Internacional a partir de 1900 –, intelectual, Jaurès tornou-se ainda editor-chefe. Em 18 de abril de 1904, surgiu o primeiro número de *L'Humanité*, jornal conduzido por colaboradores de destaque, que Jaurès dirigiria até sua morte. A unidade tão desejada do movimento francês não estava longe: em 1905, após diversas e difíceis negociações, foi criada a Seção Francesa da Internacional Operária. A linha política do novo partido era marxista e bastante distante das organizações sindicais.[131] Jean Jaurès aceitou o fato em um primeiro momento, em nome da unidade do movimento socialista mas, alguns anos mais tarde efetuou uma reviravolta. A partir de 1906, abriu, no *Humanité*, uma tribuna livre para a CGT.[132] Em 1908, du-

---

128 RIOUX, Jean-Pierre. Verbete "Jean Jaurès". In: JULLIARD, Jacques; WINOCK, Michel Winock (org.). *Dictionnaire des intellectuels français*, p. 626.
129 GOLDBERG, Harvey. *Jean Jaurès: la biographie du fondateur du Parti socialiste*, p. 293.
130 REBÉRIOUX, Madeleine. *Jaurès la parole et l'acte*, p. 73.
131 RIOUX, Jean-Pierre. Verbete "Jean Jaurès". In: JULLIARD, Jacques; WINOCK, Michel Winock (org.). *Dictionnaire des intellectuels français*, p. 626.
132 REBÉRIOUX, Madeleine. *Jaurès la parole et l'acte*, p. 87.

rante a crise da SFIO, desempenhou um papel fundamental no afastamento do risco da cisão e na manutenção da unidade socialista. Tornou-se, ao lado de Edouard Vaillant, "a voz da SFIO".[133]

Em 1911, o dirigente socialista dirigiu-se à América do Sul, onde pronunciou uma série de conferências cujo fio comum era a Revolução Francesa e sua herança. Ao retornar à França, teve de se pronunciar sobre o conflito de Marrocos (1911) e, em seguida, sobre as tensões nos Bálcãs (1912-1913). Cada vez mais inquieto com as ameaças de guerra, fossem elas coloniais ou nacionais, dedicou-se de corpo e alma à defesa da paz. Em novembro de 1912, na catedral de Bale, declarou "guerra à guerra" diante de seis mil militantes. Para manter a paz, Jean Jaurès pregava a política da arbitragem internacional, as batalhas parlamentares contra os orçamentos de guerra e a greve geral em caso de ameaça de conflito armado.[134] Apesar de seus esforços, a lei de três anos de serviço militar foi aprovada na França, em julho de 1913. Ao gritar na Câmara, dirigindo-se à direita: "Em vossos jornais, em vossos artigos, junto àqueles que vos apoiam, há contra nós, escutai-me, um perpétuo apelo ao assassinato",[135] não exagerava. O "perpétuo apelo" foi atendido por Raoul Villain, um homem "de espírito confuso e desordenado",[136] meio desequilibrado, mas capaz de levar a cabo seu intento: no dia 31 de julho, ele assassinava Jean Jaurès no café *Croissant*.

---

133 REBÉRIOUX, Madeleine. *Jaurès la parole et l'acte*, p. 93.
134 REBÉRIOUX, Madeleine. *Jaurès la parole et l'acte*, 94.
135 Discurso proferido por Jean Jaurès no dia 4 de julho de 1913 na Câmara. Apud GOLDBERG, Harvey. *Jean Jaurès: la biographie du fondateur du Parti socialiste*, p. 515.
136 GOLDBERG, Harvey. *Jean Jaurès: la biographie du fondateur du Parti socialiste*, p. 539.

B. O líder socialista no Novo Mundo: observar, reduzir, compartilhar

Quando o congresso da Segunda Internacional – ocorrido em Copenhague entre o final de agosto e o início de setembro de 1910 – chegou ao fim, o delegado da Argentina, o Dr. Juan Bautista Justo[137] havia atingido um de seus objetivos: convencer o grande tribuno francês a visitar seu país.[138] Persuadir o importante personagem político que era Jaurès não fora fácil. Uma turnê de conferências na América do Sul fora-lhe proposta em diversas ocasiões, mas suas obrigações políticas levaram-no a recusar: "Eis que há diversos anos, por uma simultaneidade verdadeiramente muito lisonjeira para mim, a oferta me foi feita, ao mesmo tempo em que a Anatole France, de dar conferências na Argentina. Desde então essa oferta me foi renovada várias vezes, com insistência. Porém, por mais atraente e útil que fosse para mim essa viagem, eu era obrigado a adiar minha decisão, devido aos nossos congressos nacionais e internacionais ou às eleições legislativas, ou às necessidades imediatas de nossa propaganda".[139] Dessa vez, contudo, a possibilidade de conhecer outras pessoas, de ver *in loco* a realidade dos trabalhadores

---

137 Juan Bautista Justo, argentino, médico, foi um dos fundadores do jornal *La Vanguardia*, criado em 1894 e do Partido Operário Socialista argentino, fundado em junho de 1896. Foi o responsável pela primeira tradução do livro I do *Capital*, de Karl Marx, em língua espanhola. BLANC, Jòrdi. Individu, société et transcendance à travers les conférences de Jaurès à Buenos Aires. In: *Cahiers Jean Jaurès*, p. 61.

138 REBÉRIOUX, Madeleine. Les tournées culturelles françaises en Amérique latine au début du siècle: de Ferri à Jaurès, p. 13.

139 JAURÈS, Jean. A propos d'un voyage. In: *L'Humanité*, 13 de novembro de 1911, n° 2766, p. 1.

sul americanos e, sobretudo, de receber honorários que viabilizariam a publicação cotidiana de L'Humanité em seis páginas, fora por demais atraente.[140]

Jaurès jamais deixara a Europa, por falta de dinheiro e de tempo. Não era simples para um dirigente socialista de sua importância retirar-se da vida política francesa durante alguns meses.[141] Efetivamente, sua ausência – de 24 de julho a 29 de outubro de 1911 – foi vivamente criticada pela imprensa francesa, pois coincidia com a crise do Marrocos, que ameaçava deflagrar um conflito franco-alemão. Sobretudo com a explosão do encouraçado La Liberté, no dia 25 de setembro, no momento em que seu comandante, Louis-Marie Jaurès, irmão de Jean Jaurès – estava de licença.[142] Contudo, o que a imprensa reprovava com maior intensidade, era o aspecto financeiro de sua viagem. Ao retornar à França, o deputado socialista teve de escrever uma resposta aos ataques dos quais fora vítima, precisando que havia recebido uma remuneração cinco ou seis vezes inferior àquela que havia sido insinuada.[143] De fato, Paul Lafargue, em um ataque frontal a Jean Jaurès, havia afirmado, no Le Socialisme de 19 de agosto, que o governo argentino, que acabara de reprimir

---

140 GOLDBERG, Harvey. Jean Jaurès: la biographie du fondateur du Parti socialiste, p. 475.

141 BOSCUS, Alain. Introduction. In: Cahiers Jean Jaurès, janeiro-março de 1996, n° 139, Centre national, Musée Jean Jaurès et Société d'Etudes jaurésiennes, p. 5.

142 MORET, Frédéric. Vie privée et vie publique: la presse française devant le voyage de Jean Jaurès en Amérique latine. In: Cahiers Jean Jaurès, janeiro-março de 1996, n° 139, Centre national, Musée Jean Jaurès et Société d'Etudes jaurésiennes, p. 103.

143 JAURÈS, Jean. A propos d'un voyage. In: L'Humanité, 13 de novembro de 1911, n° 2766, p. 1.

brutalmente os operários do país, arcava com uma parte dos custos da turnê e calculou a remuneração do dirigente socialista em 10 mil francos por conferência. A imprensa não socialista também não poupou Jaurès das acusações as mais duras.[144]

No dia 24 de julho de 1911, Jaurès portanto embarcou no paquete *Aragon* ao encontro desses "longínquos latino-americanos",[145] entre os quais a francofilia era tão disseminada. Durante a viagem de 15 dias, o líder socialista não cessou de trabalhar. Escreveu cartas à família,[146] artigos para *La Dépêche de Toulouse* e para *L'Humanité*, elaborou suas conferências e preparou sua estratégia de sedução dos sul-americanos, estudando português e aperfeiçoando seu espanhol. Chegou no dia 8 de agosto de 1911[147] na baía da Guanabara, no Rio de Janeiro, onde foi recebido por uma delegação de jornalistas. O líder socialista recebeu uma homenagem da Câmara dos Deputados, mas a acolhida das autoridades brasileiras estava longe

---

144 Cf. MORET, Frédéric. Vie privée et vie publique: la presse française devant le voyage de Jean Jaurès en Amérique latine. In: *Cahiers Jean Jaurès*, p. 107.

145 GOLDBERG, Harvey. *Jean Jaurès: la biographie du fondateur du Parti socialiste*, p. 475.

146 Ao chegar no Hotel International do Rio de Janeiro, no dia 16 de agosto, escreveu à esposa: "Estou o tempo todo contigo. Conto-lhe baixinho o que vejo. Fico pensando em que momento do dia você está, o que está fazendo; e é somente assim que suporto o peso da incrível solidão que me faz compreender o que há de terrível no exílio prolongado." Jean Jaurès, "Lettres à sa femme, à son fils et à son frère (été 1911). In: *Europe*, XXI, 15 de fevereiro de 1933, n° 122, p. 168, 169.

147 BATALHA, Claudio. Jaurès au Brésil. In: *Cahiers Jean Jaurès*, p. 26. Segundo o biógrafo de Jean Jaurès, Harvey Godberg, ele chegou ao Rio de Janeiro no dia 9 de agosto. GOLDBERG, Harvey. *Jean Jaurès: la biographie du fondateur du Parti socialiste*, p. 480.

de ser tão oficial quanto aquela reservada ao ex-primeiro-ministro, Georges Clemenceau.

O Rio de Janeiro que Jaurès conheceu havia passado pelas importantes reformas urbanas no início do século, visando o combate das doenças endêmicas que haviam assolado a cidade em 1904, recriando a capital da República sob o modelo francês, símbolo de modernidade e de civilização. O peso da influência cultural francesa sobre o Brasil desses anos foi resumido, não sem exagero, por Clemenceau em sua viagem ao país, em 1910: "É novamente a França que venho encontrar no Brasil...".[148]

Durante sua estadia no Brasil, Jean Jaurès passou seu tempo livre passeando, visitando a Biblioteca Nacional e as livrarias de São Paulo.[149] No dia de sua primeira conferência, escreveu a sua esposa e confiou-lhe o projeto de reunir suas impressões em um livro, quando regressasse.[150] Constancio Alves, alto funcionário da Biblioteca Nacional, descreveu a visita do socialista francês: "Logo depois da sua chegada apareceu na Bibliotheca Nacional, percorreu-a com demorada attenção e, satisfeita a sua curiosidade, passou de visitante a leitor, leitor assiduo de livros em portuguez".[151] Jaurès havia lido Olavo Bilac e Euclides da Cunha e escolheu esse último como tema

---

148 Georges Clemenceau apud BATALHA, Claudio. Jaurès au Brésil. In: *Cahiers Jean Jaurès*, p. 25.

149 BATALHA, Claudio. Jaurès au Brésil. In: *Cahiers Jean Jaurès*, p. 27.

150 "Estou ótimo e tudo o que vejo me interessa muitíssimo. Penso em escrever um livro a respeito, quando voltar." JAURÈS, Jean. Lettres à sa femme, a son fils et à son frère (été 1911). In: *Europe*, p. 169. Infelizmente esse projeto não foi realizado.

151 ALVES, Constancio. Jean Jaurès. In: *Figuras*, Anuário do Brasil, Rio de Janeiro, 1921, p. 152.

de uma de suas conferências. No Uruguai, o líder socialista seduziu igualmente seus interlocutores, discorrendo longamente sobre as obras de Rodó e de Zorrilla de San Martín.[152] Na Argentina, proferiu duas conferências cujos temas versavam sobre os intelectuais argentinos Alberti e Florentino Maghino, bem como um discurso sobre o Partido Socialista argentino.[153]

C. O público das conferências e os socialistas brasileiros

Ao longo de sua primeira entrevista, na própria cabine do paquete, Jean Jaurès preveniu os jornalistas que as conferências que iria proferir eram de natureza filosófica e não uma propaganda socialista. No teatro municipal do Rio de Janeiro, o tribuno francês deu duas conferências e no Teatro São José, em São Paulo, três: "A evolução americana e a Revolução Francesa" – que repetiu nas duas cidades –, "A Revolução Francesa e o movimento intelectual e social do século XX", "As questões constitucionais e políticas da Europa" e "As ideias de Euclides da Cunha sobre a Revolução Francesa e o socialismo". Embora o eixo de todas tenha sido a Revolução Francesa, Jaurès buscou acrescentar questões relacionadas ao Brasil em cada uma delas.[154] Os textos dessas conferências não foram preservados. Segundo a especialista Madeleine

---

152 PECH, Rémy. Jaurès en Uruguay. In: *Cahiers Jean Jaurès*, janeiro-março de 1996, n° 139, Centre national, Musée Jean Jaurès et Societé d'Etudes jaurésiennes, p. 32.

153 BLANC, Jòrdi. Individu, société et transcendance à travers les conférences de Jaurès à Buenos Aires. In: *Cahiers Jean Jaurès*, p. 61.

154 BATALHA, Claudio. Jaurès au Brésil. In: *Cahiers Jean Jaurès*, p. 27, 28.

Rébérioux, ele não as escrevia jamais. Por isso os militantes socialistas argentinos tiveram o cuidado de taquigrafar as conferências proferidas em Buenos Aires na versão espanhola, traduzida simultaneamente do francês. Os textos foram reunidos em um volume e publicados pelo jornal socialista *La Vanguardia* no mesmo ano, com um prólogo redigido pelo Dr. Juan Bautista Justo.

Os temas foram livremente escolhidos,[155] a julgar pelos títulos das conferências e por sua declaração à imprensa sobre seu conteúdo filosófico. O tribuno que veio para a América do Sul, era o socialista persuadido de que "a Revolução Francesa contém em si o socialismo por inteiro".[156] O auditório ao qual Jaurès dirigiu-se não era numeroso. O empresário Luis Alonso havia anunciado o evento na imprensa sem levar em conta que os preços eram demasiadamente elevados para os raros operários que compreendiam algumas palavras de francês. Afinal de contas, o conferencista em questão não era um artista, uma "atração mundana". O público da primeira conferência, no Rio de Janeiro, foi portanto reduzido a alguns ministros, parlamentares, escritores e jornalistas. Essa situação alterou-se graças à estratégia do ministro das relações exteriores, o Barão de Rio Branco, que comprou os ingressos e os fez distribuir entre os estudantes. Em São Paulo, menos de 200 lugares, em um total de mil e seiscentos, foram ocupados. Jaurès, inquieto, pediu uma diminuição dos preços, que foram então reduzidos à metade. Desse modo, sua última conferência foi a que obteve maior audiência.[157] Segundo

---

155 BLANC, Jòrdi. Individu, société et transcendance à travers les conférences de Jaurès à Buenos Aires. In: *Cahiers Jean Jaurès*, p. 61.
156 Jean Jaurès *apud* LINDENBERG, Daniel. Le débat marxiste au tournant du siècle. In: Pascal Ory, *Nouvelle histoire des idées politiques*, p. 280.
157 BATALHA, Claudio. Jaurès au Brésil. In: *Cahiers Jean Jaurès*, p. 28.

o alto funcionário da Biblioteca Nacional do Rio de Janeiro, aqueles que foram vê-lo não tiveram do que se arrepender: "O Sr. Jaurès foi effectivamente o homem que elles esperavam: o orador cujos discursos sao actos de vehemencia e de coragem, o *compagnon* perfeitamente apparelhado para deter ou desencadear as massas em dias de colera."[158] O orador cativou, com sua eloquência, erudição e vigor um público bastante afastado das preocupações sociais.

A cobertura pela grande imprensa da estadia de Jaurès foi em geral favorável, mas os jornais não deixaram de assinalar a contradição entre as ideias socialistas do tribuno e a composição burguesa de seu auditório.[159] Sua turnê pela América do Sul não foi de fato o que se poderia chamar de propaganda socialista, nem por seu público, nem pelos lugares onde se apresentou.[160] O momento da viagem de Jaurès no Brasil foi o de um refluxo do movimento operário, após as demissões e fechamentos de diversas associações operárias, causadas por uma diminuição da produção industrial.[161] O movimento socialista estava reduzido a pequenos grupos, ainda longe de estruturarem-se em um partido organizado. Apesar disso, Jean Jaurès visitou, em São Paulo, o Centro Socialista,[162] organização formada sobretudo por militantes de origem italiana. No discurso proferido na sede da entidade, o dirigente francês defendeu a participação de imigrantes na política brasileira. O jornal argentino *La Vanguardia*,

---

158 ALVÈS, Constancio. Jean Jaurès. In: *Figuras*, p. 154, 155.
159 BATALHA, Claudio. Jaurès au Brésil. In: *Cahiers Jean Jaurès*, p. 28.
160 BLANC, Jòrdi. Individu, société et transcendance à travers les conférences de Jaurès à Buenos Aires. In: *Cahiers Jean Jaurès*, p. 63.
161 BATALHA, Claudio. Jaurès au Brésil. In: *Cahiers Jean Jaurès*, p. 24.
162 É provável que o Centro Socialista fosse aquele ligado ao jornal *Avanti!*.

de 15 de setembro também faz alusão a um banquete: "No banquete popular de São Paulo, no Brasil, todos os grupos estavam representados: sindicalistas, grupos libertários, grupos socialistas".[163]

Ainda que o contato de Jaurès com os socialistas brasileiros tenha sido muito limitado, a imprensa socialista e anarquista, ligada ao movimento operário, tratou com entusiasmo sua visita ao país.[164] Afinal, a embora a influência francesa disputasse um espaço no seio do movimento socialista brasileiro com a influência alemã e italiana, ela fazia-se sentir, sobretudo nas bibliotecas operárias. Entre as leituras recomendadas, figuravam *A História socialista da Revolução Francesa*, de Jean Jaurès, e obras de Benoît Malon, cujo prestígio era incomparável.[165] O alcance dos livros mantinha-se, é verdade, consideravelmente limitado num país no qual a taxa de analfabetismo era muito elevada, principalmente porque esses livros não eram traduzidos para o português. Contudo, ao lado das obras, a influência francesa fazia-se sentir através das referências constantes à Revolução Francesa, que se tornara, no movimento operário brasileiro, "um paradigma de ruptura com a ordem estabelecida, de transformação social e de luta política."[166] Sua importância enquanto símbolo do nascimento da luta pela libertação do homem era sublinhada em diversas manifestações: nas celebrações do 14 de julho, nos rituais de comemoração do dia do trabalho, ocasião em que o

---

163 Pierre qui roule [sic], *La Vanguardia*, 17 de setembro de 1911. Reproduzido em *L'Humanité*, 13 de novembro de 1911, n° 2766, p. 1.
164 BATALHA, Claudio. Jaurès au Brésil". In: *Cahiers Jean Jaurès*, p. 29.
165 BATALHA, Claudio. Jaurès au Brésil". In: *Cahiers Jean Jaurès*, p. 25, 26.
166 BATALHA, Claudio. L'image de la Révolution française dans le mouvement ouvrier brésilien à l'aube du XIXe siècle. In: *L'image de la Révolution française*, p. 1621.

hino *La Marsellaise* era tocado, no emprego frequente da divisa "liberdade, igualdade, fraternidade" e pela utilização do termo "cidadão" nos discursos e nas páginas da imprensa engajada.[167]

Quando Jean Jaurès deixou o Brasil – provavelmente no dia 31 de agosto[168] – para prosseguir sua turnê no Uruguai e na Argentina, deixou nos espíritos dos socialistas e anarquistas brasileiros uma forte impressão. De acordo com Claudio Batalha, uma imagem comum nos artigos publicados pela imprensa operária foi descrever sua passagem como "um raio de luz que teria permitido a difusão das ideias socialistas e em consequência o crescimento desse movimento socialista".[169] Essa análise mostrou-se por demais otimista. O movimento socialista no Brasil permaneceria muito reduzido em força e em organização. Jean Jaurès foi, de fato, um raio de sol, mas um raio de sol de inverno: brilhante, longínquo e fugaz.

---

167 BATALHA, Claudio. L'image de la Révolution française dans le mouvement ouvrier brésilien à l'aube du XIXe siècle. In: *L'image de la Révolution française*, p. 1624.
168 No dia 30 de agosto, Jean Jaurès ainda teve atividades em São Paulo. BATALHA, Claudio. Jaurès au Brésil. In: *Cahiers Jean Jaurès*, p. 23.
169 BATALHA, Claudio. Jaurès au Brésil. In: *Cahiers Jean Jaurès*, p. 30.

Conclusão

A viagem de Jean Jaurès ao Brasil ilustra, de certo modo, a natureza das relações entre os socialistas franceses e os brasileiros. O dirigente socialista francês não veio ao Brasil a título de propagandista das ideias socialistas, mas como propagador dos valores republicanos e humanistas, da herança da Revolução Francesa. Foi ao Centro Socialista em São Paulo, mas não estabeleceu nenhum contato durável com seus militantes. Nutriu o projeto de escrever um livro sobre o que havia visto na América do Sul, mas a vida por demais ocupada que levava na França não lhe deixou tempo para tal. No final, seu interesse pela "jovem República" não era maior que aquele refletido pelas publicações socialistas francesas.

A raridade de artigos sobre o Brasil mostra claramente que o socialismo mantinha-se ainda muito ligado à suas fontes, no velho continente. Era nos países industrializados da Europa que os militantes socialistas do mundo inteiro esperavam ver inaugurada a experiência socialista. As tentativas de formação de um movimento socialista nos "países distantes" eram certamente louváveis, mas não deixavam de ser manifestações periféricas. Serviam sobretudo a demonstrar que o socialismo possuía uma vocação internacional.

De acordo com as ideias evolucionistas em vigor na época, o Brasil ainda encontrava-se no estágio da revolução burguesa, pois tinha acabado de proclamar a República. Sua industrialização, apenas iniciada, havia dado origem a uma classe operária frágil e dispersa, que não possuía a experiência de luta de suas equivalentes europeias. Especialmente porque o peso da industrialização no Brasil dentro do conjunto da economia do país era sensivelmente menos importante do que o da industrialização na França. O movimento socialista no Brasil lutava para adquirir ume espaço político na nova República, que os socialistas franceses já haviam, de certo modo, conquistado em seu país, pois contavam, desde 1903 com um número considerável de representantes na Câmara. Enquanto o movimento socialista desenvolvia-se na França, declinava ao Brasil, encurralado entre um governo pouco democrático e o crescimento da influência anarquista no movimento operário.

Os socialistas brasileiros, ainda que bastante atentos às especificidades de sua realidade, procuravam acompanhar o que se passava na Europa. Embora o modelo de partido político seguido fosse o do sólido Partido Social-Democrata alemão, o paradigma revolucionário francês era bastante presente no espírito dos brasileiros, que admiravam, ainda, o socialismo reformista de autores franceses como Benoît Malon. O fato de não ter havido imigração francesa no Brasil não impediu a influência da cultura política francesa junto aos socialistas mas, em compensação, não facilitou os contatos diretos entre os militantes dos dois países. Assim, quando os socialistas brasileiros decidiram enviar informes à Internacional, fizeram-no pelas mãos dos socialistas alemães. Entretanto, alguns contatos ocorreram, por intermédio da carta enviada a Benoît Malon e daquela publicada na revista *Le Mouvement Socialiste*. O programa do segundo Congresso socialista brasileiro, que representou o ápice do movimento socialista do início do século XX, também chegou às publicações socialistas francesas.

A comparação com os vizinhos argentinos pode dar uma ideia do que teria ocorrido, talvez, se o movimento socialista no Brasil fosse mais organizado e potente e se tivesse havido uma imigração francesa. Durante certo tempo, a Argentina foi representada, na Segunda Internacional, pelo francês Achille Cambier. Mais tarde, por delegados argentinos, como Manuel Ugarte e Juan Bautista Justo. Os socialistas argentinos não tiveram um papel destacado na organização, mas foram os responsáveis pelo debate sobre a questão da emigração e da imigração. O movimento socialista foi representado, nessa discussão, pelo Partido Socialista Argentino, criado oficialmente em junho de 1896, a partir de diversos grupos de imigrantes, entre os quais um francês. O partido contava com um hebdomadário, *La Vanguardia*, para fazer a propaganda socialista e, enfim, foi um militante argentino o responsável da viagem de Jean Jaurès pela América do Sul.

Como os periódicos estudados trataram do tema "Argentina"? *Le Socialiste* publicou, ao todo, 17 artigos sobre a República Argentina – entre os quais vários se limitavam a uma ou duas linhas – e quatro sobre o Brasil; *La Revue Socialiste* publicou dez artigos sobre a Argentina e nove sobre o Brasil; *Le Mouvement Socialiste* publicou dois artigos sobre cada país. A diferença entre o número de artigos consagrados ao Brasil e à Argentina por *Le Socialiste* é considerável. Embora o número de artigos tenha sido praticamente equivalente em *La Revue Socialiste*, não se pode dizer o mesmo em relação aos conteúdos: debruçam-se sobre as condições de vida no país, as realizações do movimento socialista, a política do governo argentino. No final das contas, o movimento socialista era muito mais desenvolvido na Argentina do que no Brasil. Tal diferença, contudo, não se faz presente em *Le Mouvement Socialiste*, que dispensou aos dois países um tratamento semelhante.

Apesar de tudo, a presença brasileira nessas publicações não é insignificante se a comparamos com a de outros países sul-americanos. Países como o Chile, o Uruguai ou a Venezuela, são praticamente ausentes. Fora o Brasil e a Argentina, um parágrafo sobre a Venezuela é a única presença sul-americana em *La Revue Socialiste*. *Le Socialiste* dedicou dois artigos ao Uruguai e três ao Chile, todos extremamente breves. E, em *Le Mouvement Socialiste*, não há referência a nenhum desses países.

Na Argentina, Jean Jaurès deu oito conferências e proferiu dois discursos – em cerimônias de boas-vindas e de despedida. No Brasil, foram cinco conferências e no Uruguai duas, todas em francês. A Argentina constituía o centro da viagem de Jean Jaurès e foi em nome dos socialistas argentinos que ele foi convidado a visitar a América do Sul. Neste país, foi constantemente acompanhado por dirigentes socialistas, enquanto que no Brasil e no Uruguai o contato com os militantes foi superficial. Faltavam, enfim, ao socialismo brasileiro e uruguaio a estrutura e a organização do socialismo argentino.

Entre os dirigentes socialistas argentinos, há alguns como Manuel Ugarte ou Juan Bautista Justo que estiveram mais de uma vez na França. Os dirigentes socialistas brasileiros iam preferencialmente para a Itália, de onde a maioria era originária. No que concerne o tema aqui tratado, uma análise da imagem do socialismo francês na imprensa socialista brasileira poderia contribuir para reunir as peças desse "quebra-cabeças histórico". Outro tema correlato que mereceria atenção é a comparação dos métodos de organização e ação do sindicalismo francês (CGT) e os do movimento operário brasileiro, que era consideravelmente influenciado pelo modelo francês. Ainda que a influência cultural francesa sobre o Brasil tenha sido bastante importante no início do século XX, ela se fez sentir de uma maneira difusa na "cultura socialista". Entre os socialistas franceses e os socialistas brasileiros os contatos diretos foram portanto esparsos, fragmentados. As razões dessa fragilidade explicam-se *grosso modo* pelo eurocentrismo do movimento socialista francês e pela extrema dificuldade de organização e de enraizamento do movimento socialista brasileiro. Deve-se, ademais, acrescentar que mesmo que os contatos entre os socialistas brasileiros e os franceses tenham sido raros, o esforço de uns por se fazer ouvir e de outros para estimular iniciativas embrionárias de organização testemunham de um sentimento de fraternidade unindo os dois movimentos socialistas. Afinal de contas, o socialismo não sonhava com uma comunidade internacional?

Fontes

1. Periódicos

Le Mouvement Socialiste – de janeiro de 1899 a maio de 1914

A REDAÇÃO. "Déclaration", 15 de janeiro 1899, n° 1, p. 1-5.

CARVALHO, Xavier de. "Le socialisme au Brésil", 15 de outubro de 1899, n° 19, p. 472-475.

DELORD, R. "République Argentine: le IVe congrès du Parti socialiste argentin", 1º de novembro de 1901, n° 69, p. 572-573.

LÖBE, Paul. "Brésil: le 2e congrès du Parti socialiste brésilien", 1º de setembro de 1902, n° 103, p. 1579-1588.

LAGARDELLE, Hubert. "A nos lecteurs", agosto-setembro de 1904, n° 139-140, p. 369-370.

INGEGNIEROS, José. "L'évolution politique de la République Argentine et ses causes économiques", agosto-setembro de 1906, n° 177-178, p. 346-355.

La Revue Socialiste – de janeiro de 1885 a junho de 1914

MALON, Benoît. "Entrée en ligne", janeiro de 1885, n° 1, p. 1-5.

SERRES, Peyret de. "La question agraire résolue par un sud-américain", agosto de 1887, n° 32, p. 157-171.

ROUANET, Gustave. "Brésil: La suppression de l'esclavage", abril de 1888, n° 40, p. 438-440.

MALON, Benoît. "Brésil: L'abolition de l'esclavage", agosto de 1888, n° 44, p. 214-215.

MALON, Benoît. "Bernardino Rivadavia, président collectiviste de la République Argentine (1820-1824)", outubro de 1889, n° 58, p. 443-453.

VÉBER, Adrien. "Brésil: Proclamation de la République", novembro de 1889, n° 59, p. 764.

ROUANET, Gustave. "Revue des livres: La République Argentine physique et économique", dezembro de 1889, n° 60, p. 765-768.

VÉBER, Adrien. "Brésil: La reconnaissance de la République", julho de 1890, n° 67, p. 110.

ROUANET, Gustave. "Revue des revues", fevereiro de 1891, n° 74, p. 216-219.

VÉBER, Adrien. "Brésil: l'œuvre accomplie", fevereiro de 1891, n° 74, p. 360.

VÉBER, Adrien. "Le mouvement social en France et à l'étranger: République Argentine", março de 1891, n° 75, p. 358.

ROUANET, Gustave. "Revue des revues", abril de 1891, n° 76, p. 471-475.

VÉBER, Adrien. "Le mouvement social en France et à l'étranger: République Argentine", fevereiro de 1892, n° 86, p. 242.

VÉBER, Adrien. "Le mouvement social en France et à l'étranger: République Argentine", abril de 1892, n° 88, p. 493-494.

VÉBER, Adrien. "Brésil: Initiative socialiste", novembro de 1892, n° 95, p. 621.

VÉBER, Adrien. "Le mouvement social en France et à l'étranger: Vénézuela", novembro de 1893, n° 107, p. 624.

RENARD, Georges. "Notre programme", maio de 1894, n° 113, p. 513-519.

RENARD, Georges. "A nos lecteurs", janeiro de 1895, n° 121, p. 1-2.

BOZ, Pierre. "Revue de la presse étrangère", agosto de 1896, n° 140, p. 228-229.

VÉBER, Adrien. "Le mouvement social en France et à l'étranger: les forces socialistes dans les divers pays", fevereiro de 1897, n° 146, p. 232-233.

VÉBER, Adrien. "Le mouvement social en France et à l'étranger: République Argentine", outubro de 1901, n° 202, p. 508-509.

VÉBER, Adrien. "Le mouvement social en France et à l'étranger: République Argentine", março de 1904, n° 231, p. 376-378.

VÉBER, Adrien. "Le mouvement social en France et à l'étranger: République Argentine", dezembro de 1904, n° 240, p. 763.

ROUANET, Gustave. "Lettre de Gustave Rouanet à Eugène Fournière", janeiro de 1905, n° 241, p. 1.

La Revue Socialiste. "A nos lecteurs", janeiro de 1905, n°241, p. 2-6.

A REDAÇÃO. "Nouvel effort", janeiro de 1910, n° 301, p. 1-3.

BUISSON, Etienne. "Revue des livres", dezembro de 1908, n° 288, p. 564.

Le Socialiste – de agosto 1885 a julho de 1913

s.a., "Rio-Janeiro", 11 de fevereiro de 1891, n° 21.

s.a., "A l'étranger: Buenos-Ayres ; Rio de Janeiro", 11 de fevereiro de 1891, 2º ano, n° 21.

GEVA. "Emigration et immigration", 27 de janeiro de 1894, 5° ano, n° 175.

s.a., "Brésil", 30 de outubro de 1898, 14º ano, n° 15.

s. a., "A l'étranger: République Argentine", 25 de junho de 1899, 15° ano, n° 48.

GONZAFERO, J. Meyer. "Le Parti ouvrier de la République Argentine au Parti ouvrier français", 25 de junho de 1899, 15º ano, n° 48.

s.a. "Le parti socialiste du Brésil", 3-10 de agosto de 1902, 18º ano, n° 83.

RAPPORT, Charles. "Mouvement international: République Argentine", 8-15 de março de 1903, 19º ano, n° 21.

RAPPORT, Charles. "A l'étranger: République Argentine", 6 de dezembro de 1903, 19º ano, n° 60.

ROUSSEL, Angèle. "Mouvement international: République Argentine", 29 de janeiro – 5 de fevereiro de 1905, 21º ano, n° 119.

s. a., "Mouvement international: République Argentine", 4-11 de junho 1905, 21º ano, n° 5.

ROUSSEL, Angèle. "Mouvement international: République Argentine", 27 de agosto – 3 setembro de 1905, 21º ano, n° 17.

ROUSSEL, Angèle. "Mouvement international: Brésil", 6-13 dezembro de 1908, 24º ano, n° 187.

ROUSSEL, Angèle. "Mouvement international: un peu d'histoire Contemporaine", 30 de maio – 6 junho 1909, 25º ano, n° 211.

ROUSSEL, Angèle. "Mouvement international: Argentine", 27 de junho – 4 de julho 1909, 25º ano, n° 215.

LA COMMISSION ADMINISTRTIVE PERMANENTE. "La réaction en Argentine", 19-20 de dezembro de 1909, 25º ano, n° 240.

s. a., "Mouvement international: le nombre de socialistes dans les divers Parlements du monde", 26 de dezembro de 1909– 2 de janeiro de 1910, 25º ano, n° 241.

LA COMMISSION EXÉCUTIVE DE LA FÉDÉRATION DE LA SEINE. "Mouvement international: République Argentine", 27 de março – 3 de abril de 1910, 26º ano, n° 252.

ROUSSEL, Angèle. "Mouvement international: Argentine", 17–24 abril de 1910, 26º ano, n° 255.

Congresso De Copenhague. "Pour l'Argentine", 4-25 de setembro de 1910, 26º ano, nº 275.

s.a., "Nouvelles: la République Argentine", 10-17 de setembro de 1911, 27º ano, nº 325.

s.a., "Jaurès en Amérique", 22-29 outubro de 1911, 27º ano, nº 331.

L'Humanité

s.a., "Jaurès en Argentine", 20 de setembro de 1911, p. 1.

s.a., "Jaurès en Amérique" 14 de outubro de 1911, p. 1.

Jean Jaurès, "A propos d'un voyage", 13 de novembro de 1911, p. 1.

2. Relatórios da Segunda Internacional

Congrès socialistes internationaux de Paris 1889: le congrès marxiste, le congrès possibiliste, introduction de Michel Winock, Minkoff Reprint, Genebra, t. VI-VII, 1976, 332 p.

Congrès international ouvrier socialiste (Bruxelles, 16-23 août 1891), introduction de Michel Winock, Minkoff Reprint, Genebra, t. VIII, 1977, 564 p.

Congrès international ouvrier socialiste (Zurich, 6-12 août 1893), introduction de Michel Winock, Minkoff Reprint, Genebra, t. IX, 1977, 600 p.

Congrès international socialiste des travailleurs et des chambres syndicales ouvrières (Londres 1896), introduction de Michel Winock, Minkoff Reprint, Genebra, t. X, 1980, 978 p.

Congrès socialiste international (Paris, 23-27 septembre 1900), introduction de Michel Winock, Minkoff Reprint, Genebra, t. XIII, 1980, 790 p.

Congrès socialiste international (Amsterdam, 14-20 août 1904), introduction de Georges Haupt, Minkoff Reprint, Genebra, t. XIV, 1980, 1250 p.

Propositions et projets de résolutions du congrès socialiste international (Stuttgart, 18-24 août 1907), Minkoff Reprint, Genebra, t. XVI, 1978, 607 p

Congrès socialiste international (Stuttgart, 18-24 août 1907), introduction de Georges Haupt, Minkoff Editeur, Genebra, t. XVII, 1985, 827 p.

Rappports soumis au congrès socialiste international (Stuttgart, 18-24 août 1907), Minkoff Reprint, Genebra, t. XVIII, 1978, 1038 p.

Congrès socialiste international (Copenhague, 28 août – 3 septembre 1910), introduction de Georges Haupt, Minkoff Reprint, Genebra, t. XIX, 1981, 916 p.

Congrès international extraordinaire (Bâle, 24-25 novembre 1912), introduction de Georges Haupt, Minkoff Reprint, Genebra, t. XXII, 1980, 847 p.

"Rapport de la Commission exécutive du Parti ouvrier du Brésil à présenter au Congrès socialiste international de Zurich, 1983" in HAUPT Georges, "Militants sociaux-démocrates allemands au Brésil (1893-1896)", *Le Mouvement social*, julho-setembro 1973, n° 84, Les éditions ouvrières, p. 47-61.

"Rapport de l'Association générale des ouvriers de São Paulo au Congrès international ouvrier de Londres, juillet 1896" in HAUPT Georges, "Militants sociaux-démocrates allemands au Brésil (1893-1896)", *Le Mouvement social*, julho-setembro 1973, n° 84, Les éditions ouvrières, p. 47-61.

3. Outros

COMPERE-MOREL. *Encyclopédie socialiste syndicale & coopérative de l'Internationale Ouvrière. Un peu d'histoire (Origines, doctrines et méthodes socialistes)*, t. I, Paris: Aristide Quillet, 1912, 524 p.

COMPERE-MOREL, *Encyclopédie socialiste syndicale & coopérative de l'Internationale Ouvrière. Le Mouvement Socialiste international*, t. XII, Paris, Aristide Quillet, 1913, 640 p.

JAURES, Jean, "Lettres à sa femme, a son fils et à son frère (été 1911)". *Europe*, XXXI, 15 de fevereiro de 1933, n° 122, p. 153- 171.

JAURES, Jean, Conférence: La force de l'idéal. *La Vanguardia*. Buenos Aires, 1922, 102 p.; trad. de Peylani de Faugères, *Europe*, XXI, 15 de fevereiro de 1933, n° 122, p. 153-171.

Bibliografia

ALVES, Constancio. Jean Jaurès. In: *Figuras*. Rio de Janeiro: Anuário do Brasil, 1921, p. 151-158.

AMBROSI, Christian; AMBROSI, Arlette. *La France 1870-1990*, 5ª ed. Paris: Masson, 1991.

BANDEIRA, Muniz; MELO, Clovis; ANDRADE, A. T. *O ano vermelho: a Revolução e os reflexos no Brasil*. Rio de Janeiro: Civilização Brasileira, 1967.

BATALHA, Claudio. L'image de la Révolution française dans le mouvement ouvrier brésilien à l'aube du XIXe siècle. In: *L'image de la Révolution française*, vol. III, Paris-Oxford: Pergamon Press, 1989, p. 1621-1630.

BATALHA, Claudio. La fête internationale du premier mai au Brésil (1891-1930): symboles et rituels. In: *Fourmies et les premiers mai (1891-1930)*, Paris: Editions de l'Atelier, 1994, p. 423-430.

BATALHA, Claudio. Jaurès au Brésil. In: *Cahiers Jean Jaurès (Jaurès, L'Amérique Latine et la latinité: colloque de Castres, 21 et 22 novembre 1992)*, janeiro-março de 1996, n° 139, Centre national, Musée Jean Jaurès e Société d'Etudes jaurésiennes, p. 23-29.

BESNARD, Thierry. *Le Socialiste (1885-1905): journal guesdiste*. Trabalho de conclusão de curso. Universdade Paris I, Orientação: Antoine Prost e Jacques Girault, 1981.

BEZBAKH, Pierre. *Histoire et figures du socialisme français*, Paris: Bordas 1994.

BLANC, Jòrdi. Individu, société et transcendance à travers les conférences de Jaurès à Buenos Ayres. In: *Cahiers Jean Jaurès (Jaurès, L'Amérique Latine et la latinité: colloque de Castres, 21 et 22 novembre 1992)*, janeiro-março de 1996, n° 139, Centre national, Musée Jean Jaurès e Société d'Etudes jaurésiennes, p. 61-84.

BOSCUS, Alain. Introduction. In: *Cahiers Jean Jaurès (Jaurès, L'Amérique Latine et la latinité: colloque de Castres, 21 et 22 novembre 1992)*, janeiro-março de 1996, n° 139, Centre national, Musée Jean Jaurès e Société d'Etudes jaurésiennes, p. 5-6.

BRUNET, Jean-Paul. *Histoire du socialisme en France*. Paris: Presses Universitaires de France. 1989.

CARONE, Edgard. *A República Velha (I – instituições e classes sociais 1889-1930)*, 5ª ed. Rio de Janeiro: Bertrand Brasil, 1988.

CARONE, Edgard. *A República Velha (II – evolução política 1889-1930)*, 4ª ed. São Paulo: Difel, 1983.

CARONE, Edgard. *Movimento operário no Brasil (1877-1944)*. São Paulo: Difel, 1979.

CERVO, Amado; BUENO, Clodoaldo. *História da política exterior do Brasil*. São Paulo: Ática, 1992.

CHACON, Vamireh. *História das ideias socialistas no Brasil*. Rio de Janeiro: Civilização Brasileira, 1965.

DE FLERS, Marion. Le Mouvement Socialiste (1899-1914). In: *Cahiers Georges Sorel*, n° 5, Les éditions ouvrières, 1987, p. 49-76.

DE FLERS, Marion. *Lagardelle et l'équipe du mouvement socialiste*. Paris: Institut d'études politiques, 1982.

DIAS, Everardo. *História das lutas sociais no Brasil*. 2ª ed. São Paulo: Alfa-Ômega, 1977.

Droz, Jacques (org.). *Histoire générale du socialisme, de 1875 à 1918*, t. II, Paris: Presses Universitaires de France, 1974.

Dulles, John W. F.. *Anarquistas e comunistas no Brasil (1900-1935)*. Rio de Janeiro: Nova Fronteira, 1973.

Fausto, Boris. *Trabalho urbano e conflito social*. Rio de Janeiro: Difel, 1977.

Goes, Maria Conceição. *A formação da classe trabalhadora e do movimento anarquista no Rio de Janeiro (1888-1911)*. Rio de Janeiro: Jorge Zahar, 1988.

Goldberg, Harvey. *Jean Jaurès: la biographie du fondateur du Parti socialiste*. Paris: Fayard, 1970.

Gomes, Angela de Castro (Coord.). *Velhos militantes (depoimentos)*. Rio de Janeiro: Jorge Zahar, 1988.

Gomes, Angela de Castro. *A invenção do trabalhismo*. Rio de Janeiro: Vértice/IUPERJ, 1988.

Haupt, Georges. Militants sociaux-démocrates allemands au Brésil (1893-1896). In: *Le Mouvement social*, julho-setembro de 1973, n° 84, Paris: Les éditions ouvrières, p. 47-61.

Hecker, Alexandre. *Um socialismo possível (A atuação de Antonio Piccarolo em São Paulo)*. São Paulo: T. A. Queiroz, 1989.

Holloway, Thomas H. *Imigrantes para o café (1886-1934)*. Rio de Janeiro: Paz e Terra, 1984.

Joffily, Bernardo. *Brasil: 500 anos (Atlas Histórico do Brasil)*. São Paulo: Editora Três, 1998.

Juillard, Jacques; Winock Michel (org.). *Dictionnaire des intellectuels français*. Paris: Editions du Seuil, 1996.

Julliard, Jacques. Le monde des revues au début du siècle. In: *Cahiers Georges Sorel*, n° 5, Les éditions ouvrières, 1987, p. 3-9.

Linhares, Hermínio. *Contribuição à história das lutas operárias no Brasil*. 2ª ed. São Paulo: Alfa-Ômega, 1977.

Maitron, Jean (org.). *Dictionnaire biographique du mouvement ouvrier français. 1864-1871 La Première Internationale et la Commune*, t. VII, Paris: Les éditions ouvrières, 1970.

Maitron, Jean (org.). *Dictionnaire biographique du mouvement ouvrier français. 1871-1914 De la Commune à la Grande Guerre*, t. XI a XV, Paris: Les éditions ouvrières, 1973 à 1977.

Maitron, Jean (org.). *Dictionnaire biographique du mouvement ouvrier français. 1914-1939 De la Première Guerre à la Seconde Guerre mondiale*, t. XXXV et XL, Paris: Les éditions ouvrières, 1989 e 1991.

Maram, Sheldon Leslie. *Anarquistas, imigrantes e movimento operário brasileiro (1890-1920)*. Rio de Janeiro: Paz e Terra, 1979.

Moret, Frédéric. Vie privée et vie publique: la presse française devant le voyage de Jean Jaurès en Amérique latine. In: *Cahiers Jean Jaurès (Jaurès, L'Amérique Latine et la latinité: colloque de Castres, 21 et 22 novembre 1992)*, janeiro-março de 1996, n° 139, Centre national, Musée Jean Jaurès e Société d'Etudes jaurésiennes, p. 103-113.

Ory, Pascal (org.). *Nouvelle histoire des idées politiques*. Paris: Hachette, 1987.

Ory, Pascal; Sirinelli Jean-François. *Les intellectuels en France de l'affaire Dreyfus à nos jours*. 2. Ed., Paris: Armand Colin, Paris, 1992.

Oulmont, Philippe. Jaurès à l'Ambassade. In: *Cahiers Jean Jaurès (Jaurès, L'Amérique Latine et la latinité: colloque de Castres, 21 et 22 novembre 1992)*, janeiro-março de 1996, n° 139, Centre national, Musée Jean Jaurès e Société d'Etudes jaurésiennes, p 114 et 115.

Pech, Rémy. Jaurès en Uruguay. *In: Cahiers Jean Jaurès (Jaurès, L'Amérique Latine et la latinité: colloque de Castres, 21 et 22 novembre 1992)*, janeiro-março de janvier-mars de 1996, n° 139, Centre national, Musée Jean Jaurès e Société d'Etudes jaurésiennes, p. 31-35.

PRADO, Antonio Arnoni (org.). *Libertários no Brasil: memórias, lutas, cultura*. 2. Ed., São Paulo: Brasiliense, 1987.

PROCHASSON, Christophe. *Les années électriques 1880-1910*. Paris: Editions la découverte, 1991.

PROCHASSON, Christophe. *Les intellectuels et le socialisme* Paris: Plon, 1997.

PROCHASSON, Christophe. *Les intellectuels, le socialisme et la guerre (1900-1938)*. Paris: Seuil, 1993.

REBERIOUX, Madeleine. La Revue Socialiste. In: *Cahiers Georges Sorel*, n° 5, Les éditions ouvrières, 19871, p. 15-38.

REBERIOUX, Madeleine. *Jaurès: la parole et l'acte*. Paris: Gallimard, 1994.

REBERIOUX, Madeleine. Les tournées culturelles françaises en Amérique latine au début du siècle: de Ferri à Jaurès. In: *Cahiers Jean Jaurès (Jaurès, L'Amérique Latine et la latinité: colloque de Castres, 21 et 22 novembre 1992)*, janeiro-março de 1996, n° 139, Centre national, Musée Jean Jaurès e Société d'Etudes jaurésiennes, p. 7-22.

RODRIGUEZ, Miguel. *Le 1er Mai*. Paris: Gallimard, 1990.

SEIXAS, Jacy Alves de. *Mémoire et oubli – Anarchisme et syndicalisme révolutionnaire au Brésil: mythe et histoire*. Paris: Editions de la Maison de sciences de l'homme, 1992.

TAVARES, José Nilo. *Marx, o socialismo e o Brasil*. Rio de Janeiro: Civilização Brasileira, 1983.

WINOCK, Michel. *Le socialisme en France et en Europe (XIXe-XXe siècles)*. Paris: Editions du Seuil, 1992.

Esta obra foi impressa em Santa Catarina no
verão de 2012 pela Nova Letra Gráfica & Editora.
No texto foi utilizada a fonte Palatino Linotype
em corpo 10 e entrelinha de 16,5 pontos.